파묘

땅의 노예가 될 것인가 주인이 될 것인가

와우라이프

땅의 노예가 될것인가 주인이 될것인가

발　　　행　2024년 08월 20일 초판 1쇄 발행
저　　　자　서 지 원
발　행　처　와우라이프
발　행　인　임 창 섭
주　　　소　경기도 파주시 송화로 13(아동동)
전　　　화　010-3013-4997
팩　　　스　031-941-0876
등 록 번 호　제 406-2009-000095호
등 록 일 자　2009년 12월 8일
I S B N　979-11-87847-16-8 03180
정　　　가　17,800원

파묘

땅의 노예가 될 것인가 주인이 될 것인가

프롤로그

절을 운영하는 명리학자, 입시컨설턴트 그리고 사업가

나는 직업이 3개인 사람이다. 내가 이 책을 쓰는 지금, 하나의 직업인 사업가로써 라오스의 한 카페에 앉아 공사가 한창 진행중인 건물들을 바라보고 있다. 놀라운 점은 우리나라뿐만 아니라 개발도상국인 라오스의 매매가 활발하게 일어나고 있는 부동산을 유심히 살펴보면 풍수지리가 잘 적용이 되어 있다는 것이다. 특히 중국 부호들은 이 부분을 가장 주의깊게 보고 세계적인 부동산에 투자 및 매매하는 것으로 유명하다.

풍수지리는 크게 양택과 음택으로 나누어지는데, 양택은 생기가 중요한 산 사람을 위한 명당, 음택은 죽은 사람을 위한 묫자리 등의 명당을 말하는 것이다. 이렇게 차이가 있으나 부동산과 묫자리 명당에 대한 이론과 의미는 일맥상통한다. 자신을 위한 부동산이 아닌 조상의 묫자리를 잘쓰면 후대에 발복하고 그렇지 못하면 후대가 힘들다. 미신과 사기가 아닌 좋은 기운이 나를 돕고 발전시킬 수 있는 일종에 역학 즉, 서로 작용하는 관계인 것이다. 관계를 좋게 하면 발전할 수 있는 일종에 보이지 않는 힘이라도고 할수 있다. 이 힘을 잘 알고 잘 이용한다면 자신과 가족을 충분히 발전시킬 수 있다.

이 책은 당신에게 부동산 혹은 땅의 투자나 매매를 알려주는 내용이 아니다.

육효, 풍수지리, 구성학으로 보이지 않는 힘의 작용을 찾아 적용을 시킨다면 부동산 혹은 땅의 노예가 아닌 주인이 되는 방법을 알게 해주는 일종의 방아쇠 역할이 되었으면 하는 바램으로 써내려갔다.

본문에서 설명하는 3가지의 학문 중 일부는 묫자리와는 전혀 관련이 없는 듯 해보일 수 있다. 그러나 모든 것에는 원인이 있고 결과가 존재한다. 그 결과를 고치거나 바꿀 수 있는 방법도 있다. 그런 의미로 이 3가지 학문이 전혀 다른 듯 보이겠지만 연관성을 가지고 있고 원인과 결과를 파악하고 고찰하는 행위를 통해 바꿔나길수 있다.

이런 의미로 이 학문들을 동시에 적용했을 때, 한 가지 이론으로 직결이 된다는 것을 확인할 수 있다. 아래는 내가 말하고자 하는 이론이다. 원인, 고찰, 변화를 통한 변화를 이 책을 통해 얻기를 바란다.

1. 육효를 통해 원인과 결과를 찾는다.

후대에게 안좋은 일들이 생기기 시작했다면 육효점을 치는 것으로 유명하다. 이 육효점의 경우, 과거 이순신 장군도 중요한 전쟁에 꼭 사용했다는 이야기도 있다.

대개 후대에게 '왜 안좋은 일이 생기는 것일까?' 혹은 '무엇 때문에 안좋은 일이 생기는 것일까?'와 같은 의문을 갖고 육효점을 진행하였을 때, 부동산 혹은 묫자리라는 결론이 나오게 된다.

2. 풍수를 통해 깊이 고찰한다.

그 다음으로 풍수지리를 활용하여 파묘를 진행하여 이장 혹은 화장을 시키거나, 부동산을 재점검할지를 깊이 생각하고 살핀다. 어느 자리가 자연의 기운을 받아들일 수 있는 명당인지 확인하고 풍수지리 기준에 합당한 자리인지 연구하고 공부한다면 충분히 좋은 환경으로 바꿔나갈 수 있다.

3. 구성을 통해 기운을 다스리다.

마지막으로 어느 용도의 기운으로 활용하고 싶은지, 어떻게 받으면 좋을 것인지를 구분할 수 있는 것이, 바로 방위와 방향을 통해 변화를 만들수 있는 구성학이다. 어떤 방위로 기운들이 존재해야만 도움이 되는지 알 수 있기 때문에 구성학을 확인하고 흐름을 만들어야 한다.

묫자리 혹은 부동산을 통해 후대가 지속적으로 좋은 기운을 얻어갈 수 있도록 변화를 만드는 것이다. 기운을 다스리는 방법을 터득하게 된다면 변화가 되어진 환경을 볼 수 있을 것이다.

서지원

추천의 글

'추천의 글'은 도착한 순서로 게재하였습니다

영화 파묘 덕분에 대중들에게 과분한 사랑을 받게 된 대한민국 장례문화원, 연화회 대표이자 <대통령의 염장이> 저자 유재철입니다.

이 책의 저자인 서지원 소장은 제가 알고 있는 사람들 중에서 정말 많은 직업을 가지고 있는 사람입니다. 복지 실현을 꿈꾸는 사찰 운영가, 아이들을 대학으로 보내는 진학상담가, 진로를 고민하는 이들을 돕는 진로상담가 등으로 정말 바쁘고 열정적인 삶을 살고 있습니다.

서지원 소장을 처음 알게 된 것은 대학교 평생교육원에서 장례지도사 과정을 가르칠 때였습니다. 보통 은퇴 후 준비를 하기 위해서, 또는 장례지도사를 직업으로 하기 위해서 수강한 학생들과는 달리 서지원 소장은 뜻밖의 놀라운 지원동기를 밝혀 더욱 특별하게 느꼈던 기억이 있습니다.

[파묘] 땅의 주인이 될 것인가 노예가 될 것인가

인생의 마지막을 같이 보낼 수 있는 공동체를 만들고 싶다며, 그것을 실현하기위해서 이 학문이 필수라고 여기고, 공동체 구성원들이 각자의 인생을 잘 마무리할 수 있게 도와주고 싶어 과정을 지원했다고 했습니다. 그 인연을 시작으로 해마다 잊지 않고 사제의 인연에 감사하는 인사를 왔고, 서로 협력 할 수 있는 관계로 발전하였습니다.

매장 위주였던 장례방법에서 화장이 대세가 된 지금, 유골을 봉안하는 것은 고인을 추억하는 중요한 역할을 하고 있습니다. 다양한 봉안 방법이 등장하였고, 우리는 '영옥사리'를 통해 새로운 변화를 모색하자는데 뜻을 함께 하고 있습니다.

장례를 통해 삶과 죽음을 성찰할 수 있는 성숙한 문화로 만들자는 서 소장의 생각에 많은 부분을 함께 할 수 있어서 기쁩니다. 그리고 이 책을 통해 독자들에게도 새로운 아이디어와 변화를 줄 수 있기를 기대합니다.

대한민국장례문화원, 연화회 대표이자 <대통령의 염장이> 저자
유재철

서지원 연구소장의 저서 《[파묘] 땅의 주인이 될 것인가 노예가 될 것인가》의 출간을 진심으로 축하드립니다. 서지원 소장은 저와 오랜 인연을 이어오며, 해마다 중요한 행사 때마다 빠짐없이 찾아와 안부를 묻고 담소를 나누는 한결같은 성실함과 따뜻한 마음을 지닌 사람입니다. 이러한 그의 성품은 인간관계뿐만 아니라 그가 해내는 모든 일에서도 잘 드러납니다.

서지원 소장은 제가 알고 있는 사람 중에서도 가장 다재다능한 인물로 평가하고 싶습니다. 그는 충남 부여에서 사찰을 운영하며 지역사회를 위해 헌신해 오고 있을 뿐만 아니라, 진로나 적성을 찾지 못하는 사람들에게 문제 해결을 위한 상담을 제공해 왔고, 좋은 방향으로 가르치고 지도하는 일에도 열정을 쏟아오고 있습니다. 옆에서 지켜보면 그의 하루 24시간은 참으로 짧게 느껴질 만큼 다양한 활동을 소화해 내고 있습니다. 세상에는 동전의 양면처럼 장단점이 공존하지만, 그는 팔색조와 같이 다방면에 뛰어난 역량을 발휘하고 있으며, 자신에게 가장 엄격하면서 최선을 다하는 그의 모습은 많은 이들에게 귀감이 될 것으로 생각됩니다.

서지원 소장은 항상 모든 부분을 새로운 관점에서 바라보며 혁신적인 아이디어를 만들어 내는 독창적인 사고방식을 지니고 있습니다. 그는 다수의 자격증을 취득하며 자신의 전문성을 끊임없이 융합하고 확장해 왔고, 이러한 전공 지식과 경험을 바탕으로 다양한 분야를 조화롭게 활용하여 새로운 길을 개척해 나가고 있습니다. 이렇게 도전적이고 성실한 그의 모습은 언제나 저에게도 새로운 영감을 주었고, 많은 이들에게도 긍정적인 영향을 미쳤다고 생각합니다.

이번에 출간된 《[파묘] 땅의 주인이 될 것인가 노예가 될 것인가》는 서지원 소장이 그동안 쌓아온 깊이 있는 지식과 풍부한 경험을 바탕으로 동양철학을 통해 장례문화를 새롭게 조명한 매우 귀중한 작품으로 알고 있습니다. 이 책은 파묘라는 주제를 세 가지 학문적 관점에서 분석하고, 원인과 결과를 심도 있게 고찰함으로써 독자들에게 새로운 통찰력과 변화의 근거를 제공하게 될 것으로 생각합니다. 특히, 서지원 소장의 창의적이고 혁신적인 사고방식과 철학적 개념이, 이 책의 곳곳에 스며들어 있는 부분은 독자들에게 새로운 시각과 영감을 주고, 이에 관한 지식수준을 높여줄 것입니다. 또한 이러한 저술 작업을 통한 지식의 공유는 이 분야의 새로운 학문적 가치를 크게 더해줄 것입니다.

서지원 소장은 언제나 새로운 도전에 주저하지 않고, 자신의 길을 묵묵히 걸어온 사람입니다. 그의 이러한 열정과 노력, 진심 어린 성심이, 이 책을 통해 여러분들에게 전달되기를 바랍니다.

이 책의 출간으로 출판계와 독자들 사이에서 큰 반향이 일어나고, 독자가 글을 읽고 해석하는 동안 동양철학과 장례문화에 대한 깊이 있는 이해와 통찰력을 터득함으로써 이를 널리 확산시키는 계기가 되기를 고대합니다.

다시금, 서지원 소장의 《[파묘] 땅의 주인이 될 것인가 노예가 될 것인가》 출간을 진심으로 축하드리며, 이 책이 많은 이들에게 귀중한 지식과 통찰을 제공하길 기원하며 추천의 글을 마무리합니다.

고려대학교 보건정책연구관리학부 교수 김지환

목차

제 1장 인과를 찾아내는 학문 육효

제 2장 명당을 찾아내는 학문 풍수지리

제 3장 기운에 변화를 주는 학문 구성학

시작하면서

 사람의 운명, 땅의 기운, 하늘의 보살
핌 등 말로 설명할 수 없는 여러 신화적 작용에 대한 의문은 과거
부터 계속 이어지고 있습니다. 이러한 주제에 가장 관심을 가지는
이들이 있으니, 가진 것이 많은 사람들입니다. 재산, 명예, 직위
등을 말입니다. 이들은 과학적, 이론적인 조치를 원하는 만큼 취
할 수 있으나, 그것으로 해결이 되지 않는 일에 대해 무력함과 불
안함을 느낍니다. 때문에 비과학적, 운명적인 주제까지 손을 뻗게
되는 것이지요.

 그런데 신기하게도 해당 조치로 인해 문제가 해결되는 사례는
셀 수 없이 많이 나왔습니다. '의심이 놀라움으로 바뀌는 순간' 그
것이 실제로 이루어지게 되는 것입니다. 이렇게 부족함 없던 사람

[파묘] 땅의 주인이 될 것인가 노예가 될 것인가

들도 믿고 시도하는 방식, 그 중에서도 조상의 묫자리로 인해 후손이 받는 영향을 개선하기 위해서 하는 행위가 파묘, 이장입니다. 말 그대로 묘를 파서 좋은 자리로 옮기는 것입니다.

그 과정에서 활용할 수 있는 운명학이 3종류가 있으니 육효, 풍수지리, 구성학입니다. 이 중에서 육효와 구성학은 무덤가에 대해 서브적으로 거드는 역할을 하며 가장 중요한 것은 풍수지리라 할 수 있습니다.

해당 학문들이 어떻게 작용하게 되는 것인지, 어떤 이론으로 인해 명당이 정해지는 것인지, 어느 자리가 명당이 될 수 있는지 등 많은 분들이 궁금해 하셨던 명당明堂을 확인하는 방법과 조건에 대한 이야기를, 지금부터 시작하도록 하겠습니다.

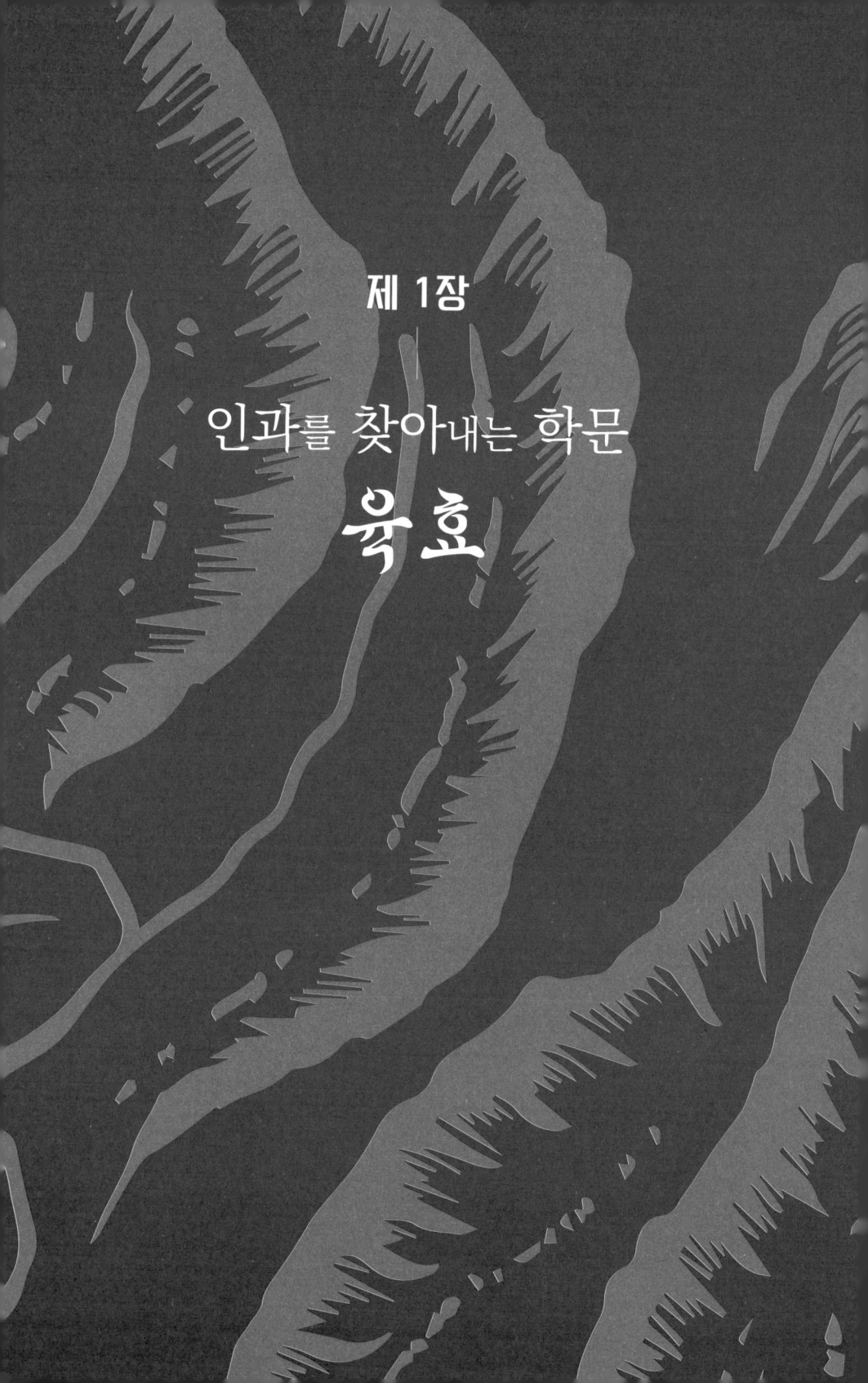

제 1장

인과를 찾아내는 학문

육효

01
인간의 길흉을 판단하는
여섯개의 점선

하늘이 내려주는
한가닥의 조언, 육효

           삶을 살아가다 보면 예상치 못한 일이 갑자기 벌어지는 경우가 비일비재합니다. 이때는 어떻게 생각해야 하고 어떻게 판단해야 하는지 혼란스럽고 난감한 상황으로 이어질 수 있습니다. 예를 들자면 갑자기 돈을 투자해보고 싶은 분야가 생겼는데 그것에 투자를 할지 말지, 사업이나 동업을 할 기회가 생겼는데 할지 말지 등에 대한 것들이 있을 수 있습니다.

       그리고 이번에 설명 드릴 것은 확신이 서지 않거나 궁금한 것이 있는 상황에서, 조언을 듣고자 할 때 사용할 수 있는 점이 있습니다. 그것의 이름을 '육효점 (六爻占)'이라 부릅니다.

       육효는 동양의 비전이 종합된 학문인 역학의 일종으로 점괘를 보기 위해 확인하는 학문입니다. 서양의 점성학보다 훨씬 체계적으로 정리되어 있음에도 동양 특유의 신앙적이고 비과학적이라는 인식 때문에, 그다지 인정 받고 있지 못하는 분야입니다.

육효는 역학 중 주역(周易)이라는 점을 치는 학문 중 하나로 주역 내용 중 '대성괘'라는 개념과 '십이지지'라는 개념을 합친 다음, 육효만의 응용 방식을 적용하여 앞으로 벌어질 일에 대해 길흉을 따질 수 있는 점입니다. 여기서 중점으로 여겨지는 개념은 주역의 '64괘'입니다.

64괘는 본래 주역의 개념이지만, 육효에서는 해석하는 내용이 약간 다릅니다. 이렇게 다른 육효의 64개의 괘 중 어떠한 유형에 속하는지에 따라 점을 칠 때 가지고 있던 의문에 대한 답변을 받는 것이 가능합니다. 본문 내용에서 확인할 수 있으시겠지만, 동전 3개만으로 육효점을 치는 것도 가능합니다. 참고로 대성괘, 십이지지, 64괘 모두 뒷내용에서 설명을 드릴 것이니 양해를 부탁드립니다.

다시 돌아와, 이렇게 나온 육효점은 인간의 운명을 통해 어떠한 재난이 있는지를 확인하여, 그것을 피하기 위해 노력하고 피해 갈 수 있도록 알려주는 역할을 해줍니다. 상황에 대해 즉시 답을 줄 수 있고 주어진 운명에 대해 이야기 하는 학문이기에, 가히 응급치료를 할 수 있는 병원의 응급실과 같은 역할이라고 할 수 있습니다. 지금부터는 육효점을 이해하기 위해서 기본적으로 필요한 개념에 대한 설명을 해드리도록 하겠습니다.

이후 육효점을 풀이하는 방법과 적용 방법에 대한 설명으로 이어질 예정이니 이점을 참고하셔서 내용을 읽어주시길 부탁드리겠습니다.

시작하기 전 안내사항을 드립니다.

육효는 점입니다. 그렇기에 숙련도에 따라 크게 차이가 날 수 있습니다. 즉, 육효를 전문적으로 전수받은 사람에게 점사를 받아야 확실한 결과를 얻을 수 있습니다. 해당 본문에서는 육효점 전문가께서 초급자 분들이 간략하게나마 결론을 얻어낼 수 있도록 고안한 방법이기에 100% 신뢰도를 가지기에는 어렵다는 점을 안내드립니다.

02
육효가 소속된
명리의 기본 개념

하늘과 땅의 기준이 되는
문자, 천간지지

        지금부터는 육효를 구성하고 있는 기본적인 개념에 대해서 설명을 드리도록 하겠습니다. 그 중에서 첫 번째로 설명 드릴 기본 개념은 '간지'입니다. 역학의 간지(干支)는 '천간'이라는 개념과 '지지'라는 개념이 합쳐서 부르는 단어입니다. 천간(天干)은 10개의 문자로 이루어져 있는 묶음이며, 지지(地支)는 12개의 문자로 이루어져 있는 묶음입니다. 각 묶음의 문자를 따서 십간(十干), 십이지(十二支)라고 부릅니다. 천간은 말씀 드렸다시피 10개의 문자로 이루어져 있으며 지지도 12개의 문자로 이루어져 있습니다.

천간	지지
갑(甲) · 을(乙) · 병(丙)	자(子) · 축(丑) · 인(寅) · 묘(卯)
정(丁) · 무(戊) · 기(己)	진(辰) · 사(巳) · 오(午) · 미(未)
경(庚) · 신(辛) · 임(壬) · 계(癸)	신(申) · 유(酉) · 술(戌) · 해(亥)

우주만물을 구성하는
근원 기운, 음양오행

두번째로 확인할 개념은 음양오행이라는 개념입니다. 음양오행은 동양 사상에서 가장 중요하게 여기는 것입니다. 이는 '태극(太極)'에서부터 시작되는데, 태극은 서로 다른 두 개의 기운이 조화를 이루며 존재하고 있는 것을 말합니다. 이러한 태극에서 조화를 이루고 있는 기운이 음과 양입니다.

음과 양은 서로 완전한 반대되는 성질을 가지고 있습니다. 해와 달, 밤과 낮, 남자와 여자, 밝음과 어두움, 차가움과 따뜻함 등이 이에 해당됩니다. 역학의 음양을 육효에 응용할 때는 음양을 상세히 따지면 음양 분화를 더 시키는 것이 가능하다는 것을 기억하셔야 합니다. 이것이 무슨 말이냐 하면 단순히 '이것은 음이고 저것은 양이다'라는 식으로 정의를 내리는 것이 아니라 양의 음, 음의 음 같이 나누어지는 것이 가능하다는 뜻입니다.

예를 들자면 태양이 떠있는 낮 시간은 양입니다. 그 중에서 태양의 힘이 점점 강해지는 아침부터 이른 오후까지는 양 중의 양이며, 태양의 힘이 점점 약해지는 오후부터 저녁까지는 양 중의 음이라고 합니다. 음도 밤의 진행도를 기준으로 동일하게 적용이 됩니다. 이처럼 음양은 각각 독립되어 있기에 저마다 개별적으로 존재하는가 싶다가도 상황에 따라, 서로 대립하거나 공존하며 조화를 이루고 있습니다.

다음은 오행에 대한 설명을 드리고자 합니다. 오행은 음양보다 조금 더 내부적인 성질을 가지고 있습니다. 음양이 표면적으로 나타나는 형상인 것에 비해, 오행은 세부적인 형상을 나타낸다는 뜻입니다. 오행에서 말하는 다섯 가지 기운은 목木 화火 토土 금金 수水 입니다. 각각 나무, 불, 흙, 쇠, 물을 상징합니다.

오행을 활용하는 원리가 두 가지 있습니다. 상생(相生)과 상극(相剋)이라는 명칭인데, 오행이 적용되는 분야에 있어 아주 중요한 역할을 하는 원리입니다. 상생은 오행의 기운이 서로를 생해주는 관계를 가진다는 원리를 말합니다. 목>화>토>금>수>목… 순서대로 상생 관계를 가지는데, 확인할 수 있듯이 상생 관계는 꼬리를 잡듯이 계속해서 이어집니다. 어느 하나 생을 받지 못하는 기운은 없습니다. 상극은 오행의 기운이 서로를 억누르는 관계를 가진다는 원리를 말합니다. 목>토>수>화>금>목… 순서대로 상극 관계를 가지는데, 확인할 수 있듯이 상극 관계도 마찬가지로 계속해서 이어지는 모습을 보입니다.

앞서 설명드렸던 간지의 각 문자에는 음양과 오행이 각각 하나씩 적용되어 있습니다. 간지의 음양은 구분하기가 쉽습니다. 천간의 시작인 갑甲과 지지의 시작인 자子부터 시작하여 양 > 음 > 양 > 음…이러한 순서대로 반복하면 간지의 음양을 알 수 있게 됩니다. 오행은 천간과 지지를 따로 보아야 합니다. 우선 천간부터 말씀 드리겠습니다. 천간의 오행은 오행의 상생 순서대로 2개씩 적용 시키면 됩니다.

목	화	토
갑(甲) · 을(乙)	병(丙) · 정(丁)	무(戊) · 기(己)

금	수
경(庚) · 신(辛)	임(壬) · 계(癸)

지지의 오행은 토 기운의 문자만 4개이고 나머지 기운의 문자가 2개씩 이루어져 있습니다. 각 기운 2개씩 나오고 그 다음 토 기운의 문자가 1개, 그리고 다시 다음 기운 2개, 다시 토 기운 1개. 이런 식으로 지지의 오행이 이루어져 있습니다.

목	화	토
인(寅) · 묘(卯)	사(巳) · 오(午)	축(丑) · 진(辰) 술(戌) · 미(未)

금	수
신(申) · 유(酉)	해(亥) · 자(子)

상황 기준에 따라 달라지는
기운의 합, 비화

세번째로 알려드릴 개념은 '비화(比和)'라 합니다. 비화는 앞서 설명 드린 오행을 기준으로, 같은 오행끼리 만나는 경우를 의미합니다. 오행은 총 5가지 기운으로 이루어져 있기에 5개의 비화 유형이 나올 수 있습니다. 목-목, 화-화, 토-토, 금-금, 수-수라는 유형이 존재할 것입니다. 비화는 동일한 기운이 만났을 때, 기운의 세기가 어떻게 되는지에 대한 설명입니다.

한 가지 목표를 이루기 위해 여러 기운이 모였다면, 해당 비화의 세기는 매우 강해집니다. 반대로 개인적인 목표를 가지고 있는 여러 대상이 동일한 수단을 이용하기 위해 만나게 되었을 때는 비화의 세기가 약해지게 됩니다.

예를 들어서 기업에게 요구할 거리가 있는 직원들의 모임인 노조는 같은 목적을 지닌 직원들이 힘을 모은 것이므로 비화가 강해집니다. 반대로 서로 다른 곳을 목적지로 삼는 사람들이 지하철을 타면 지하철이 내부가 꽉 차서 불편해집니다. 이는 비화가 약해지는 것이라 할 수 있습니다.

문자끼리 만들어내는
조화와 충돌의 조합

네번째 설명 드릴 것은 천간과 지지의 조합에 대한 것입니다. 합合, 형刑, 충沖, 파破, 해害라는 다섯 가지 조합입니다. 합은 둘이 합쳐진다는 뜻으로 좋은 것이지만, 나머지 네 개의 조합은 좋지 않음을 의미합니다. 형은 다툰다는 의미이며, 충은 하나가 깨진다는 의미, 파도 완전히 깨진다는 의미, 해는 방해한다는 의미입니다. 해당 원리 자체는 육효점을 확인하는데 어렵기만하고 의미가 없는 점이기에, 각 조합식이 점괘에 있는지만 확인하시면 됩니다.

합부터 설명을 드리겠습니다. 합은 간합, 삼합, 육합, 방합까지 4종류의 합에 대해 설명 드릴 것입니다. 간합(干合)은 천간 문자끼리 만나는 합입니다. 간합의 조합으로 변화한 기운을 합화라고 합니다. 갑과 기가 합쳐지면 토 기운으로 변화합니다. 을과 경이 만나면 금 기운으로 변화합니다 병과 신이 만나면 수 기운으로 변화합니다. 정과 임이 만나면 목 기운으로 변화합니다. 무와 계가 만나면 화 기운으로 변화합니다.

$$甲+己 = 土 \quad 乙+庚 = 金 \quad 丙+新 = 水$$
$$丁+壬 = 木 \quad 戊+癸 = 火$$

삼합은 세 개의 글자 조합을 의미합니다. 다만, 세 글자 중 가운데 글자를 포함한 두 글자만 있어도 삼합이 성립됩니다. 예를 들어 신자의 조합과 자진의 조합은 가능하지만 신진은 되지 않는 다는 뜻입니다. 지지의 조합으로 이루어져 있습니다.

신자진 申子辰 = 水   인오술 寅午戌 = 火

사유축 巳酉丑 = 金   해묘미 亥卯未 = 木

다음은 육합입니다. 육합도 지지의 조합으로 이루어져 있습니다. 육합의 조합은 다음과 같습니다.

자축 子丑 = 土   진유 辰酉 = 金

인해 寅亥 = 木   사신 巳申 = 水

묘술 卯戌 = 火   오미 午未 = 火

마지막 합인 방합입니다. 지지로 이루어져 있습니다. 방합의 조합은 삼합처럼 세 개의 글자가 조합으로 이루어져 있으면서, 그 중 두 개만 있으면 성립됩니다. 이도 마찬가지로 가운데 있는 글자가 있어야 합니다. 묘, 오, 유, 자가 들어간 조합만 취급된다는 뜻입니다.

특징으로는 방위를 상징하고 있다는 점이 있습니다. 각 조합에 따라 4개의 방위가 기준되고 있으니 확인하시면 됩니다.

인묘진 寅卯辰 = 東 / 木 　　　신유술 申酉戌 = 西 / 金
사오미 巳午未 = 南 / 火 　　　해자축 亥子丑 = 北 / 水

합 다음은 형충파해입니다. 해당 조합들은 앞서 설명했다시피, 그다지 좋은 의미가 아닙니다. 그러므로 해당 조합들이 있으면 '불운한 일이 생길 수 있으니 주의해야겠다' 정도로 해석하실 수 있습니다.

삼형 三刑	인사신 寅巳申	축술미 丑戌未	자묘 子卯
자형 自刑	진진 辰辰　오오 午午		
	유유 酉酉　해해 亥亥		
육충 六沖	자오 子午	축미 丑未	인신 寅申
	묘유 卯酉	진술 辰戌	사해 巳亥
파 破	자유 子酉	인해 寅亥	묘오 卯午
	사신 巳申	축진 丑辰	술미 戌未
해 害	자미 子未	인사 寅巳	신해 申亥
	축오 丑午	묘진 卯辰	유술 酉戌

아무런 기운이
존재하지 않게하는 조합

다섯 번째로 설명 드릴 것은 공망(空亡)이라는 개념입니다. 공망도 역학에서 다루는 기본 개념에 속하는 것으로 앞서 설명 드린 천간과 지지의 작용에서 탄생된 개념입니다. 공망은 텅 비어있다는 뜻이라고 보시면 되는데, 어떠한 것이든 있다는 개념을 부정하여 없음과 같은 상태라고 할 수 있습니다. 어떤 의미가 있든, 공망이 있으면 모두 없던 일이 되기 때문입니다.

공망은 하나의 천간과 하나의 지지가 합쳐진 형태로 되어 있습니다. 간지의 형태로 되어 있다는 뜻인데, 천간은 10자리이고 지지는 12자리이기에 천간과 지지를 합쳐보면 천간이 끝나고도 2개의 지지가 남게 됩니다. 이렇게 남게 되는 2개의 지지가 공망입니다.

간지는 총 60가지 종류가 있는데, 천간의 첫번째 자리인 갑(甲)을 기준으로 시작되는 열을 보자면 甲子, 甲戌, 甲申, 甲午, 甲辰, 甲寅이 있습니다. 이를 기점으로 甲부터 癸까지 10개의 천간 문자가 한바퀴를 돌 동안, 이에 상응하는 지지 문자 10개를 제외한 나머지가 공망이 된다는 뜻입니다.

갑자, 을축, 병자, 정묘, 무진, 기사, 경오, 신미, 임신, 계유까지 진행이 되면 남은 지지 문자인 술해가 공망이 되는 것입니다. 나머지 열도 동일하게 진행되어 술해에 이어, 시유, 오미, 진사, 인묘, 자축이 공망이 됩니다

공망이 육효에 있을 때는 아무런 의미가 없어진다고 하였는데, 아무 것도 없다는 것은 육효점을 볼 때 물어보는 질문에 따라 공망이 좋게 해석되는지, 나쁘게 해석되는지를 구분합니다. 대표적으로 질병을 확인할 때(제가 올해 질병에 걸리게 되겠습니까?)는 공망이 있는게 좋다고 할 수 있습니다.

최고최상의 대운을
가지고 있는 조합

육효로 점을 치는 과정에서 나오는 조합 중에서 가장 좋은 의미로 취급 받는 조합이 있습니다. 해당 조합의 이름은 '천을귀인(天乙貴人)'입니다. 다만 이것을 통해 과하게 의미를 부여할 필요는 없습니다. 그저 좋은게 있구나. 라고 생각해주시면 됩니다.

천을귀인을 이루는 조합식의 성립은 특정 천간과 특정 지지가 조합되어 만들어집니다. 어떠한 조합으로 이루어져 있는지에 대해 알려드리도록 하겠습니다.

갑무경 甲戊庚 > 축미 丑未
을기 乙己 > 자신 子申
병정 丙丁 > 해유 亥酉

임계 壬癸 > 사묘 巳卯
신 辛 > 오인 午寅

조합식의 좌측에 위치한 천간 문자가 존재할 때 우측에 위치한 지지 문자가 존재할 경우 천을귀인이 존재한다는 의미로 생각하시면 됩니다.

기운의 세기를
표현하는 조합

　　　　　　　　　　육효로 점을 칠 때 사용하는 개념 중
지금까지 설명 드린 것과 결이 다소 다른 유형의 것이 하나 있는
데, 12운성이라는 것입니다. 12운성은 역학 중 사주팔자에 대해
관심을 가져서 알아보신 분들이라면 무엇인지 바로 이해가 되실
개념입니다. 동일한 의미를 가지고 있기도 합니다. 12운성은 이름
처럼 열 두 가지의 요소로 이루어져 있습니다만, 육효점을 칠 때
실질적으로 활용하는 것은 3가지 요소입니다. 왕, 묘, 절이라는
것이 그것입니다.

　　12운성은 장생, 목욕, 관대, 건록, 제왕, 쇠, 병, 사, 묘, 절, 태,
양으로 이루어져 있습니다. 그중에서 제왕, 묘, 절을 말하는 것입
니다. 물론 사주팔자 등에서 12운성을 다룰 때는 각각 다른 의미,
다른 용도로 사용하지만, 육효점에서는 간단합니다.

　　제왕 기운은 무조건적인 상승세를 타는 기운입니다. 힘이 강해
지는 것이라 할 수 있습니다. 해석의 세기가 강해진다고 생각하시
면 됩니다.

묘 기운은 힘든 일이 많아지는 기운입니다. 하려던 일, 하는 일이 무언가에 묻히게 되는 것입니다. 보이지 않게 되고, 의미가 없어진다고 할 수 있습니다. 그냥 안좋다고 생각하면 쉽습니다.

절 기운도 그다지 좋은 기운이 아닙니다. 절은 끊어진다는 뜻인데, 기존에 하던 일이 끊어질 수 있다는 것을 의미합니다. 중도 중지를 생각하시면 됩니다.

여기서 추가적으로 육효를 해석할 때 12운성 용어를 적용할 때도, 그러지 않을 때도 있습니다. 그렇기에 파묘에 관련된 것을 생각하실 때도 깊게 여기지 않으셔도 좋다는 점을 알려드립니다.

03
점을 치기 위해
펼쳐놓는 준비물

자연의 기본 구성을
상징하는 팔괘

　　　　　　　　　　육효에 대해 이해를 하기 위해서는 기본적인 역학 사상에 대해 알고 있어야 합니다. 역학 중 다른 사상에 대해 학습을 한적이 있으시다면 이해가 더욱 쉽게 되실 것입니다. 육효의 기본 원리 중 가장 먼저 설명 드릴 것은 팔괘의 생성입니다. 역학은 기본적으로 우주의 탄생과 우주를 아우르고 있는 개념에 대해 설명하고 있습니다. 이에 대해 순서대로 설명을 드리도록 하겠습니다.

　　우선 역학에서 말하는 태초의 상태는 아무것도 존재하지 않는 무(無)의 상태부터 시작됩니다. 이렇게 아무 것도 없는 상태를 무극이라고 합니다. 이 상태는 아무것도 없습니다. 공기, 먼지, 행성

등 정말 아무것도 없는 상태를 말합니다.

이 상태에서 '존재'라는 개념이 생겨났고, 그 형태를 '태극(太極)'이라고 부릅니다. 태극의 형태는 태극기에서 볼 수 있듯이 두 가지 상충되는 기운이 조화를 이루고 있는 상태입니다. 이러한 태극처럼 두 가지 서로 상충되는 기운이 동시에 존재하는 것을 양의(兩儀)라고 합니다. 이러한 양의*에서 의미 하는 두가지 기운이 흔히 말하는 음(陰)과 양(陽)인 것입니다.

여기서 말하는 음과 양은 역학에 대해 잘 모르시는 분이더라도 쉽게 이해가 가능하셨을 것으로 예상이 됩니다. 그런데 지금부터는 처음 들어보시는 용어가 나올 수 있습니다만, 해당 챕터에서 설명하는 팔괘의 생성 부분은 육효점을 이해하는 과정에서는 크게 영향을 주지 않는다는 점을 참고해주시기 바라며 설명을 이어가겠습니다.

양 그리고 음이 분할된다는 것부터 설명은 이어집니다. 양과 음은 각각 두 가지씩 분할됩니다. 이때 다소 헷갈리실 수 있는데 양의의 양과 음이 다시 각각 양과 음으로 분할 되는 것입니다. 양

* 양의 : 동시에 존재하는 서로 다른 두 가지 기운

의 양, 양의 음, 음의 양, 음의 음으로 구분된다는 뜻입니다. 이렇게 구분된 것을 순서에 따라 태양(太陽), 태음(太陰), 소양(少陽), 소음(少陰)으로 결정됩니다. 이렇게 나누어진 것을 사상(四象)이라고 합니다.

지루하셨나요? 이제 거의 다 왔습니다.

사상은 음양의 구분이 두 번 중첩된 것입니다. 위에서 말씀 드린 양의 양, 양의 음… 이것을 보시면 아실 것입니다. 여기서 음양을 한 번 더 중첩을 시키면 총 8개의 유형이 나올 것입니다. 그것을 팔괘라고 합니다.

양양양, 음양양, 양음양, 음음양, 양양음, 음양음, 양음음, 음음음 이렇게 유형이 나올 것입니다. 이때 순서대로 이름이 있으니 乾兌離震巽坎艮坤(건태이진손감간곤)이라고 합니다.

각 괘에는 의미도 있습니다. 그런데, 괘 마다 가지고 있는 의미는 팔괘를 어떤 해석에 적용 시키느냐에 따라 달라집니다. 이는 전문가의 영역이라고 할 수 있는데, 무덤가를 중점으로 하였을 때 필요한 것은 자연과 인간, 방향, 신체부위 정도가 있으니 해당 부분에 대해서만 일부 설명을 드리도록 하겠습니다.

건: 하늘, 아버지, 서북쪽, 머리   손: 바람, 장녀, 동남쪽, 다리

태: 연못, 소녀, 서쪽, 입   감: 물, 중남(中男), 북쪽, 귀

이: 불, 중여(中女), 남쪽, 눈   간: 산, 소남, 동북쪽, 손

진: 번개, 장남, 동쪽, 발   곤: 땅, 어머니, 서남쪽, 배

팔괘의 조합으로 만들어내는
64가지 의미

　　　　　　　음양에서부터 사상을 거쳐 팔괘, 64
괘까지 이어지는 육효 기본 개념에 대해 설명을 들으셨으니, 이제
64괘의 뜻과 해석 내용을 한 눈에 볼 수 있는 조견표를 보여드리
도록 하겠습니다.

　64괘의 내용을 하나하나 풀어서 보기엔 이해가 어려울 수 있
고, 각 괘를 한 눈에 비교하기 어려울 수 있기에 한 눈에 볼 수 있
도록 정리한 표인 조견표의 형태로 설명을 드린다는 점을 안내드
립니다. 그럼 64괘의 첫번째 괘인 '건위천'부터 64번째 괘인 '곤위
지'까지 간단한 설명을 드리도록 하겠습니다.

1) 천괘 = 하늘

1-1 건위천(乾爲天)

존귀한 지존의 괘입니다. 하늘의 기운을 받고 있어, 직감이 매우 좋습니다. 성공과 명예가 절로 따르며 고위직에 위치하게 될 기운이 있습니다. 무언가를 직접 창조하는 능력도 뛰어납니다. 꾸준한 노력과 인내로 조금씩 나아갈 때 좋은 성과를 거둘 수 있으며, 급진적으로 추진한 일은 이롭지도 않고 잘 풀리지도 않습니다. 치밀하고 계획적이지 못하며, 거칠고 빈틈이 많습니다.

1-2 천택리(天澤履)

호랑이의 꼬리를 밟을 운이라는 뜻입니다. 이미 호랑이에게 주목을 당했기에 벗어나기가 거의 불가능한 운입니다. 현재 상황을 벗어나기가 매우 어렵다는 뜻입니다. 당돌하며 모험심이 강하다는 특징이 있습니다. 이게 말로 보기엔 활발한 긍정의 특징으로 보일 수 있습니다만, 자신의 역량 이상에 도전하는 과감한 모습을 너무 많이 보여 위험할 수 있습니다.

이 때문에 갑작스러운 사고, 수술을 겪게 될 수 있습니다. 신체적인 사고 뿐만 아니라 주변 사람이나 사회 생활에서 자기도 모르게 윗사람의 비위를 거스를 말을 하게 될 수 있습니다.

1-3 천화동인(天火同人)

친구를 포함하여 위아래 사람들의 도움으로 성공할 수 있는 괘입니다. 협력, 협동에 매우 강한 점을 보입니다.

완전한 그룹, 동업이 아닌 형태로 활동하더라도 곁에는 늘 사람들이 있으며 자신을 도와주려고 합니다. 여기 저기에서 도움을 받을 수 있는 운이기에 대길한 괘로 판단합니다.

이전까지 역경을 겪었더라도, 운이 반전되어 원하는대로 일이 이루어지게 됩니다.

다만, 이렇게 좋은 운도 가까운 가족과 친척들과 공동 사업을 진행할 때는 인간관계에 관련된 우여곡절이 생기기 쉽다는 점을 참고해주시기 바랍니다. 주변에 사람이 항상 많을 운이기에 전염병에 약한 모습을 보입니다.

제 1장 인과를 찾아내는 학문 육효

1-4 천뢰무망(天雷無妄)

하늘에서 내리는 벼락인 천뢰와 아무것도 적용되지 않은 자연 그대로의 상태인 무망이 합쳐진 말입니다. 자연의 뜻, 운명의 뜻에 따라 순리를 지키고 행하는 것이 가장 좋다는 말입니다.

고집을 부린다면 실패하고 느긋하고 평화롭게 진행한다면 행운을 얻을 수 있는 괘입니다. 마음가짐도 마찬가지입니다. 진실하고 성의 있는 마음으로 운수에 순응하는 것이 좋습니다.

현재 무언가를 바라고 있는 사람에게 별로 좋지 않은 운입니다. 일이 뜻대로 풀리지 않을 것이란 뜻이기 때문입니다. 그러나 이것은 운이 나쁜 것이 아니라 앞으로 대길할 징조입니다. 초조해하지 말고 침착하게 때를 기다리는 것이 좋습니다.

오직 정당한 방법으로 성실하게 나아가야 합니다. 대단히 좋은 일과 대단히 나쁜 일이 예상하지 못 한 사이에 일어나는 수가 있습니다. 그럴 때일수록 대세를 관망하는 자세가 필요합니다

1-5 천풍구(天風姤)

하늘의 영향력을 우연히 마주하게 된다는 뜻으로, 우연한 계기로 나쁜 일을 당한다는 뜻입니다. 운세로 따지면 별로 좋지 않은 운입니다. 뜻밖의 재난을 당할 수 있습니다.

타의적인 사고, 실패를 겪는다는 뜻입니다. 건강도 다소 위험합니다. 가벼운 증세만 보인다고 방심하고 있다간 정말 길게 당할 수 있게 됩니다.

우두머리의 기질을 가지고 있습니다. 리더십이 있어 사람들이 따르는 경향이 생기는데, 사람들을 먹여 살리게 될 운도 같이 생깁니다.

1-6 천수송(天水訟)

구설수, 소송에 휘말릴 운입니다. 상으로 따지면 항해 중에 태풍을 만나는 상입니다. 사람 간에 갈등이 생기게 되면 구설수, 관재, 소송에 관련된 일이 생긴다는 뜻으로 해석이 가능합니다. 즉, 천수송은 흉한 기운이라고 할 수 있습니다.

자신이 타당한 이유를 주장하고 있다고 생각하고 있더라도 한 번 꺾여주는 것이 좋습니다. 정론을 주장하는 것 같더라도 결국엔 상대방을 화나게 만들 수 있으며, 결국엔 안좋은 마무리를 짓게 될 수 있습니다.

만약 상대방과의 갈등에서 본인이 맞다는 말을 듣게 되더라도, 상대보다 더 많은 피해를 입고 있을 가능성이 매우 큽니다. 무엇이든 오래 끌지 않는 것이 좋습니다.

갈등 뿐만 아니라, 질병, 구직, 사업, 여행 등 모든 것에 해당됩니다. 겸손과 양보라는 생각을 마음 속에 품고 상대방과 대립을 최대한 피하는 것이 좋습니다.

1-7 천산둔(天山遯)

상황이 좋지 못하니, 정리되고 진정 될 때까지 기다려야 하는 운입니다. 시기적으로 완전 후퇴를 해야 할 시점이라 할 수 있습니다. 마음이 들떠있는 시점입니다. 어떤 이유에서든 기분이 좋아서, 일을 성급하게 처리하게 됩니다. 이는 경솔함이라는 말로 이어지는데, 실수가 잦아집니다.

불의의 재난, 사람과의 분쟁, 재물상의 손해 등이 발생하기가 매우 쉽습니다. 무언가를 이루기 위해 시도를 하려하거나 끝맺음을 하려 했다면 다시 생각해보는 것을 추천드립니다. 여기서 말하는 것은 사업이나 결혼, 여행, 소송 등을 의미합니다. 전부 좋지 않게 끝날 가능성이 높습니다.

상시 사면초가에 놓여있다고 생각하며 모든 일에 신중을 가할 필요가 있습니다. 조용하고 얌전하게 때를 기다리는 것이 무난하다고 할 수 있습니다.

제 1장 인과를 찾아내는 학문 육효

1-8 천지비(天地否)

첩첩산중처럼 사방이 막혀있는 곳을 빠져나가지 못하고 묶여 있는 형상을 의미합니다. 행하는 모든 일이 잘 풀리지 않고 어려운 상황에 놓이기만 하게 될 수 있습니다.

상사나 친구 등 주변 인물과 갈등이 생기며, 의심을 사게 될지도 모릅니다. 아무리 노력해도 인정받고 성과가 생길 수 없다는 말이 있을 정도로 무언가를 개선하기가 어려우기에, 적당한 때가 올 때까지 기다릴 필요가 있습니다.

그나마 다행인 점은 시간이 지나면 개선될 여지가 보인다는 것입니다. 오랜 시간을 기다리고 때를 기다린다면 결실을 맺게 될 때가 온다는 뜻입니다.

본인이 무언가를 하려 하지 말고, 전문가가 시키는대로 잘 따르는 시간이 되어야 할 것입니다. 자포자기 하지 말고 모든 일을 뒤로 미루어놓고 기다리길 추천드립니다.

2) 택괘 = 연못

2-1 택천쾌(澤天快)

윗사람을 밀치고 그 자리에 올라가게 되는 형태를 의미합니다. 택천쾌에서 '쾌'는 결단, 결정을 의미합니다. 이때 결정을 내리는 태도가 기세등등 하다는 특징이 있습니다.

당당한 태도처럼 일도 쭉쭉 뻗어나가듯 순탄하게 진행이 되는 시기입니다. 그러나 순탄하다가 방심하고 있다간 뜻밖의 재난에 휘말릴 수 있습니다. 이는 과한 자신감 때문에 무모한 짓을 하게 될 수 있다는 뜻이라 할 수 있습니다.

패기가 강해서 원래 성공하기 어려운 일도 기세로 몰아붙여서 해내는 모습을 보입니다만, 과하게 넘치는 자신감으로 인해 여러 가지 일에 손을 대다가 성급한 실수를 저지르는 일이 다반사가 될 수 있습니다.

다만 침착함을 유지할 수 있다면 경쟁을 하거나 쟁취한다는 개념이 통용되는 분야에서는 좋은 결과를 마주할 수 있으니 참고하시기 바랍니다.

2-2 태위택(兌爲澤)

기쁨과 즐거움이 있으나 이 감정에는 실속이 없습니다. 긍정적으로 보이는 표면 아래에는 괴로움을 불러 일으키는 무언가는 형태입니다.

이때 말하는 괴로움은 육체적인 괴로움이 아닌 정신적인 괴로움입니다. 무언가에 대한 욕구가 계속 정신을 자극해서, 마음을 항상 초조하게 만듭니다.

작은 일을 성사 시켰을 때도 성취를 느낄 수 있을만큼 긍정적이면서도, 큰 일을 진행하면서는 중간에 좌절감을 느끼기 쉽습니다. 당장은 어떤 일이든 분명한 것이 없으니 쉽게 결단을 내리지 말아야 할 때입니다.

문득 무언가를 해보고 싶은 생각이 들 수 있습니다. 그러나 그것을 이룰 수 있는 운세가 약간 부족한 편입니다. 그렇기에 목표를 위해 적극적인 태도를 보이기 보단, 현재 하고있는 일을 유지하는 것으로 초점을 맞춰주면 좋습니다.

2-3 택화혁(澤火革)

현재까지 남아있던 오래된 것을 치우고 새로운 것을 들여 지금까지와는 다른 국면을 맞이하게 되는 것이라 하는 형태입니다. 돌고 돌던 천운이 자신에게 도달하는 시기로, 사람들에게 사랑을 받게 되고 좋은 자리를 가지게 될 기회가 생기게 됩니다. 변화에 대해선 어떤 일이든 모두 길한 기운이 통하기에 마음 먹고 추진하지 않아도 모든 일이 새로운 방향으로 잘 진행되게 됩니다. 다만 택화혁 때 들어오는 시기는 앞서 말한 것처럼 변화가 많은 시기입니다. 대표적으로 사업에 변화가 생기게 될 것을 암시한다고 할 수 있고, 직장을 변경하는 것도 있을 수 있습니다. 거주지에 변화를 주는 것으로도 길한 기운을 가져올 수 있습니다.

특히 인간관계에 있어 변화가 찾아오게 된다면, 그 변화는 인생에 도움이 되는 것일 가능성이 높습니다. 끝내게 될 인연은 그때 끝내는 것이 인생에 있어 도움이 된다는 의미이며, 새로이 맺게 될 인연은 인생에 있어 도움이 될 사람이라는 의미입니다.

금전운도 강한 시기입니다. 투자 분야에서 득을 볼 수 있을 가능성이 큽니다. 변화를 주었을 때 좋은 운이 따르므로 기존에 관심을 가지던 곳이 아닌 다른 곳에서 투자 계획을 고려해보는 것도 나쁘지 않습니다.

제 1장 인과를 찾아내는 학문 육효

2-4 택뢰수(澤雷隨)

순리를 따른다는 뜻입니다. 기존에 존재하는 흐름에 따라 움직인다는 의미라 할 수 있습니다. 약간 종속적인 의미가 있기에 기운 자체는 다소 약한 편이지만, 결코 나쁜 운은 아닙니다. 믿고 따를 수 있는 좋은 인연을 만나기도 합니다. 이로 인해 뜻밖의 활동을 하게 될수도 있습니다. 이때 자신이 주도적으로 일을 추진하기보단 정해진 일에 힘을 보태는 역할을 하는 것이 좋습니다. 해당 시기에는 주변에 일부 변화가 생길 수 있습니다. 일을 하던 근무지가 바뀌거나, 거주지가 바뀌는 등의 변화를 의미합니다. 이렇게 변화가 생길 때, 아예 자기 자신을 점검하고 고쳐주는 시간을 갖는 것도 좋습니다.

주의해야 하는 것은 자신의 우유부단함과 속임수에 약한 모습입니다. 자신이 감복한 사람이 허풍과 속임수가 섞여있는 사람일 수도 있습니다. 그렇기에 과하게 상대를 믿으며 줏대 없는 모습을 보이지 않도록 주의하는 것이 좋습니다.

자신이 이루고 싶은 목표가 있다면, 같거나 비슷한 목표를 가지고 있는 사람을 찾아서 그 사람과 함께 과정을 만들어가는 것도 아주 좋은 선택지 중 하나입니다. 실력자를 앞세우고 쫓아가는 식으로 이어가는 과정을 잘 고려해보시기 바랍니다.

2-5 택풍대과(澤風大過)

아직 다 자라지 못해서 연약한 나무가, 나무를 꺾을 정도로 강력한 바람을 만난 형태입니다. 위험과 고난이 지척에 도사리고 있다는 것을 의미합니다. 여기서 말하는 위험이란, 본래 적당히 있으면 도움이 되고 쓸모가 있는 것입니다. 그러나 그것이 너무 과하게 되어 독이 되어 버렸다 할 수 있습니다. 마치 식물이 성장할 때 필요한 물이 과하게 주어져서 뿌리가 썩어버리는 것과 같다고 할 수 있습니다. 해당 시기에는 자신의 능력으로는 수습하기 어려운 문제가 생기게 될 것임 암시하고 있습니다. 이에 빠져나가지 못하고 말려드는 바람에 기진맥진한 상태가 될 수 있습니다. 문제 상황의 과중으로 인해 다른 곳으로 관심을 돌리기가 어려운데, 이전에 묵혀두었던 일이 한번에 터지게 될 수 있습니다. 설상가상을 대비해야 합니다.

가능하다면 중요한 문제에 초점을 두어 최대한 빨리 해결할 수 있는 방법을 찾아서 시행해야 합니다. 다른 문제까지 손을 뻗으면 전부 다 놓치게 될 수 있습니다. 기회가 지나간 것은 과감하게 관심을 돌리고 공적인 문제에 집중하는 것이 좋습니다. 표면적으로는 탈이 안날 것 같을 수 있어도, 언제 터질지 모르는 시한폭탄 같은 문제가 있을 수 있습니다. 잘 확인해서 미리 대비하는 것이 좋습니다.

2-6 택수곤(澤水困)

빈말로도 좋다고 하기 어려운 운입니다. 곤란, 곤궁 등을 의미합니다. 하려고 하는 일이 자신의 뜻대로 잘 되지 않는 경험을 겪게 될 수 있기에 심신이 지치게 될 가능성이 높습니다.

마음을 혼란스럽게 하는 일이 생길 수 있습니다. 하려는 일은 잘 수행되지 않으며, 정당한 사실을 말하여도 믿음을 얻지 못하는 상태가 될 수 있습니다. 노력을 하여도 잘 이루어지지 않아서 마음이 혼잡해지는 것입니다. 만약 성급하게 일을 진행하려 한다면 기존에 준비되었던 일도 끊어지게 될 수 있고, 상황이 악화될 경우 원한을 사게 될수도 있습니다. 유망해보이는 계획이더라도 시운이 따르지 않는 것입니다.

이런 상황에서는 안되는 일을 붙잡고 노력하는 것이 시간 낭비가 될 가능성이 있습니다. 그렇기에 당장 무언가를 이루어내고 해결하기 위해 시간을 쓰기 보단, 장기적인 계획을 세워서 때가 올 때까지 스스로의 역량을 기르는 노력을 하는 것을 추천드립니다.

항상 말을 조심하고 실력을 양성하면서 기다리면, 자신에게 호감을 보이는 운세가 찾아오게 될 것입니다. 이때 걸리는 시기는 반년 쯤이 될 것입니다.

2-7 택산함(澤山咸)

여러 물길이 하나의 줄기로 모이는 상이라 할 수 있습니다. 이 과정에서 용이 되기 전 단계인 이무기들이 각지에서 몰려들 것이니, 이는 인재들이 모이게 된다는 것을 의미합니다. 동일한 목표를 가지고 있는 사람들과 만나게 될 것입니다. 이렇게 얻게 된 협력자들과 함께 사업을 번창시키고 재물을 수 있습니다. 많은 사람들이 함께하는 일을 할 때 크게 성공할 수 있을 것입니다.

이때 도움을 주는 사람은 자신보다 위계가 높은 사람일 가능성이 큽니다. 손윗사람이나 선배 등이 이에 해당됩니다. 개인의 기량보다 주변 귀인들의 도움이 큰 영향을 주기에, 윗사람들의 조언을 잘 듣고 수용해야 합니다.

직장에서의 승진, 좋은 대학 입학, 새로운 직장에 취득 등에 대한 운도 아주 좋습니다. 그렇기에 한 곳만을 고집하지 말고 다양한 곳에 도전해보는 것도 좋습니다.

단체 활동을 통해 이득을 만들 때 주의해야 할 점이 있으니, 집단에서 반드시 생길 수 밖에 없는 분쟁, 갈등입니다. 능력이 좋은 사람들끼리 사이좋게 지내지 못하게 될 수도 있기에, 여러 사람을 아우를 수 있는 능력이 있으면 아주 좋습니다.

여러 물길이 하나의 줄기로 모이는 상이라 할 수 있습니다. 이 과정에서 용이 되기 전 단계인 이무기들이 각지에서 몰려들 것이니, 이는 인재들이 모이게 된다는 것을 의미합니다. 동일한 목표를 가지고 있는 사람들과 만나게 될 것입니다. 이렇게 얻게 된 협력자들과 함께 사업을 번창시키고 재물을 수 있습니다. 많은 사람들이 함께하는 일을 할 때 크게 성공할 수 있을 것입니다.

이때 도움을 주는 사람은 자신보다 위계가 높은 사람일 가능성이 큽니다. 손윗사람이나 선배 등이 이에 해당됩니다. 개인의 기량보다 주변 귀인들의 도움이 큰 영향을 주기에, 윗사람들의 조언을 잘 듣고 수용해야 합니다.

직장에서의 승진, 좋은 대학 입학, 새로운 직장에 취득 등에 대한 운도 아주 좋습니다. 그렇기에 한 곳만을 고집하지 말고 다양한 곳에 도전해보는 것도 좋습니다. 단체 활동을 통해 이득을 만들 때 주의해야 할 점이 있으니, 집단에서 반드시 생길 수 밖에 없는 분쟁, 갈등입니다. 능력이 좋은 사람들끼리 사이좋게 지내지 못하게 될 수도 있기에, 여러 사람을 아우를 수 있는 능력이 있으면 아주 좋습니다.

3) 화괘 = 불

3-1 화천대유(火天大有)

태양이 하늘 높이 떠있으니 세상을 비추며 굽어살피는 군자의 모습이라고 할 수 있습니다. 정오의 태양을 생각하시면 됩니다. 넘치는 에너지를 가지고 지상을 비추는 강한 모습입니다. 기운이 왕성한 시기입니다. 신체적, 정신적으로 모두 에너지가 충분히 준비된 시기입니다. 하늘이 마련해준 '때'라고 할 수 있습니다. 어떤 일을 하든, 탄력을 받게 될 수 있습니다. 매사가 잘 풀리고 탄력을 받게 된다하더라도, 그것이 항상 이어지게 될거라는 생각을 가져서는 안됩니다. 좋은 운을 가지는 상태가 항상 이어지는 것은 아니기에, 나중까지 좋은 분위기가 보전 될 수 있게 하는 노력이 필요합니다.

다만 일이 너무 잘 풀리다보니, 이를 시기하고 질투하는 사람이 생기게 될 수 있습니다. 그렇기에 일이 잘 풀릴수록 겸손함을 잊지말고 오만한 모습을 보이지 않도록 노력해야 합니다. 재물적으로 일이 잘 풀리는 와중에 브레이크가 걸릴 수 있는데, 건강 때문입니다. 일이 너무 잘되다 보니까 건강을 등한시 하기 때문입니다. 이 시기에 중병에 걸릴 경우 큰 고비를 겪게 될 수 있으니, 항상 건강을 우려하는 태도가 필요합니다.

제 1장 인과를 찾아내는 학문 육효

3-2 화택규(火澤睽)

서로 피하고 틈을 노린다는 뜻으로 다툼과 분쟁의 시발점이 생길 수 있다는 것을 의미합니다. 다른 사람과 의견이 맞지 않아, 대화가 틀어지거나 협력 구도가 무너지게 되는 일이 생길 수 있습니다. 이전에 호의적으로 지내던 사이였어도 이유 없이 신뢰를 잃게 될 수 있습니다. 새로운 시도를 하려 할 때도 제대로 일이 풀리지 않게 됩니다. 함께 하기로 했던 사람들과 불화가 생길 것이기 때문입니다. 의견 갈등을 벌이게 될 사람과 대치하게 되는 국면입니다. 충분히 의견 충돌이 일어날 수 있는 주제라고 하더라도 과하게 기분이 상하게 되는 경험을 하게 될 수도 있습니다.

내부적으로 문제가 생길 수 있습니다. 단체 내에서의 갈등, 가족 범위 내에서의 갈등 등이 이에 해당됩니다. 그런데 갈등을 겪는 자기자신도 두 가지 목적을 가지고 있어서 혼동을 겪을 수 있습니다.

내부적인 일 때문에 고뇌하느라 외부적인 일까지 부진해질 수 있습니다. 판단이나 행동에 실수가 자주 생길 수 있으니 주의할 필요가 있습니다. 문제를 해결하기 전까지 섣불리 큰 일을 시도하지 않는 것이 좋습니다.

3-3 이위화(離爲火)

천하를 대상으로 존재하는 불을 의미하는 괘입니다. 태양을 의미하기도 합니다. 불(열기)의 성질을 강하게 띄고 있기에 어떻게 활용하느냐에 따라 이로울수도, 위험할수도 있습니다.

사람들을 따뜻하게 해주고 밝은 빛을 주며 초목이 자라게 해주는 불도 있지만, 화재로 인해 자연, 인명, 재산 피해를 입히는 불도 있습니다. 이처럼 이면적인 모습을 가지고 있다는뜻입니다. 중용의 정도를 지킬 필요가 있습니다.

기본적으로 긍정적입니다. 열정적으로 대하고 생각할 수 있을 일이 생기고, 하고 있는 일의 규모를 성장 시킬 수 있는 계기가 생길수도 있습니다.

단기적, 부분적, 새로운 일에서 이득이 생기게 될 수 있습니다. 다만 변심하고 싶은 때가 있을 수 있는데, 이를 잘 억제하고 적당히 이득을 조절할 수 있어야 합니다.

당장의 성취만을 바라보고 역량 이상의 극단적인 시도를 하게 되면, 그 이후로 집중도 안되고 성과도 예상만큼 잘 나오지 않아서 마음이 안정되지 못하고 붕 뜨는 듯한 상태에 빠지게 됩니다.

3-4 화뢰서합(火雷逝閣)

무언가 거슬리는 것이 생기는 시기입니다. 그것으로 인해 불쾌하고 찜찜한 감각을 느끼게 될 수 있습니다. 이러한 느낌은 성급함, 신경질 등의 형태로 나타날 수 있습니다.

현재 무언가 자신을 방해하고 있는 것처럼 꽉 막혀서 안풀리는 일이 있을 수 있습니다. 그러나 이는 돌덩이를 먹으려는 것이 아니라, 아주 찰진 떡을 먹는 것과 같습니다. 못먹는 것이 아니라 꼭꼭 씹으면 먹을 수 있다는 의미입니다.

자신이 목표로 한 것을 달성하기 위한 과정에서 앞을 가로막는 것, 번거롭게 하는 것이 있다면 돌아서 가기보단, 정석적으로 제거할 수 있는 방법을 찾아서 해결하면 변수 없이 목적을 해결할 수 있게 될 것입니다.

여러 방해수단 때문에 좋지 못한 일이 있어도 흥분해서 격정을 터트리는 것은 자제할 수 있어야 합니다. 단호하고 확실한 태도로 상황에 대처한다면, 자연스레 상황이 풀릴 것입니다. 상황이 답답하더라도 조급해하며 서두르면 될 것도 안되게 바뀔 것입니다. 본인이 예의에 어긋나는 언행을 하지 않도록 주의하며, 일을 차례대로 처리하면 해결 될 것입니다.

3-5 화풍정(火風鼎)

새로운 요소와 협력하여 안정을 이룬다는 의미를 가지고 있습니다. 기존에 있던 것을 과감하게 갈아치우는 시도가 필요하며 이를 잘 받아들여 주변 환경과 요소를 잘 변화시킬 수 있게 될 것입니다. 변화에 성공하여 새로운 모습과 태도로 재출발 한다면 큰 길운이 따를 것입니다. 또한, 모든 일에서 협력을 얻게 되어 크게 발전하면서도 안정된 모습을 보일 수 있습니다.

해당 시기에 이룰 수 있는 이득은 다른 사람과의 협력이 전제되어 있어야 합니다. 혼자서 목표를 이루려 한다면 성공을 확신할 수 없습니다. 협력을 통했을 때 안정감과 서로간의 믿음이 최상의 상태가 될 것입니다.

다만 기존에 가지고 있던 목표가 다소 다른 방향으로 진행될 수 있는데, 이는 협력을 하는 사람의 목표가 일부 반영되었기 때문일 가능성이 큽니다.

그렇다 하여도 근본이 변하는 것은 아닙니다. 목표 자체를 이루는데는 문제가 생기지 않을 것이니, 협력 과정에서 마음에 들지 않는 부분이 있더라도 일단 지켜보며 생각을 정돈할 필요가 있습니다.

3-6 화수미제(火水未濟)

아직 준비가 덜 되었다는 의미를 가지고 있는데, 미숙함을 보인다는 뜻으로 이어집니다. 그런데 여기서 말하는 미숙함은 부족하다는 평가보다는, 발전할 수 있는 여지가 많이 남아있다는 것을 의미합니다. 성숙해질 수 있는 범위가 더 있다는 말입니다. 아직 더 발전하고 성장할 수 있기에 급할 필요가 없습니다. 매사를 천천히 하여 더 많은 경험과 숙련도를 쌓아가는 것이 좋습니다. 그렇기에 스스로가 일의 진행속도가 느리다는 것에 대해 불만을 가지지 않아도 됩니다.

다만 해당 시기에 대한 긍정적인 평가는 나중을 말하고 있습니다. 그 말은 즉 현재가 미숙하다는 사실에 변함이 없다는 뜻입니다. 무언가를 시작하려 할 때는 여러 고난이 생길 수 있습니다. 이에 쉽게 좌절하게 될 수 있으니 주의하시기 바랍니다. 고난을 겪을 때 너무 힘드니까 아예 과감하게 질러버리고 싶어질수도 있는데, 이는 말그대로 경거망동 그 자체입니다. 일시적으로 드는 흥분을 자제하고 꾸준히 노력할 필요가 있습니다.

지속적으로 노력한다면 성차를 알차게 거둘 수 있을 것입니다. 사업, 연애 등이 이에 영향을 받을 것입니다. 추가적으로 오랫동안 앓아왔던 질병이 있으면 해당 시기에 완치될수도 있습니다.

3-7 화산여(火山旅)

안정을 취할 곳을 찾지 못하고 홀로 떠도는 피곤한 나그네를 의미합니다. 신체와 정신이 모두 불안정한 상태라고 할 수 있습니다. 마음을 내려놓을 곳을 찾지 못해 항상 긴장하느라 정신이 지쳤으며, 남들과 협력을 하지 못해서 혼자 일을 처리하느라 신체가 지쳐있을 수 있습니다. 어떤 일을 하든 마음먹은 대로 잘 되지 않을 수 있습니다. 이는 기반이 약해서 그런 것일 가능성이 큽니다. 때문에 어떤 일을 시작하려고 할 때는 초장에 무언가를 바로 달성하고자 하지 말고, 기초를 다지며 탄탄한 기반을 마련하기 위해 노력하는 것이 좋습니다. 기존에 몸 담고 있던 곳에서 변수를 주거나, 아예 다른 곳으로 옮겨보는 것을 추천드립니다. 주거지, 직장, 전공 등을 바꾸는 것으로 기왕 기초를 다지는 김에 자신이 생각하고 다룰 수 있는 범위를 넓히는 것을 추천하는 것입니다. 피로한 몸과 정신을 이끌고 주도적으로 일을 끌고 다닐 필요는 없습니다. 몸의 피로도만 높아지게 할 뿐이라 할 수 있습니다. 그렇기에 모든 일에 수동적인 자세로 임하는 것이 좋은 시기라 할 수 있습니다. 금전적인 문제로 고민을 하게 될 운이 있는 편인데, 이때 생각과 결정을 신중하게 할 필요가 있습니다. 금전을 벌어들이기 위해서는 주도적, 적극적으로 나설 필요가 있습니다. 그러나 해당 시기에 적극적인 모습을 보이다 보면 실패가 따르거나 화를 입게 될 수 있으니 주의해야 한다는 것입니다.

3-8 화지진(火地晋)

　지평선 위로 태양이 떠오르고 있는 모습입니다. 일출이 진행되고 있는 아침을 의미하고 있습니다. 태양이 떠오르면서 좋은 기운이 점점 차오르고 있는 형태라 할 수 있습니다.

　태양이 떠오르고 중천에 이르며 환하게 빛나는 것처럼, 운세도 점점 강해지는 기질을 보입니다. 그 덕에 만사가 순탄하게 잘 흐릅니다.

　아침은 하루의 시작입니다. 그렇기에 몹시 바빠집니다. 새로운 하루를 본격적으로 풀어갈 준비를 해야 하기 때문입니다. 지금까지 힘든 시간을 보냈다면 그것이 해결되고 새로운 기회를 얻게 되거나, 인간관계를 새로이 정립하는 기간이 될 수 있습니다.

　일을 길게 볼 생각을 하는 것이 좋습니다. 원하는 대학이나 직장을 갖기 위한 계획과 노력의 일정도 길게 잡는 것이 좋고, 부정적인 분야에 속하는 소송이나 분쟁도 장기화 되기 쉽습니다.

4) 뇌괘 = 우뢰

4-1 뇌천대장(雷天大壯)

성대하고 장대하다는 의미입니다. 광활하다고 할 수 있습니다. 이렇게 웅장하고 광활하다는 것은 무조건 좋은 것만은 아닙니다. 예를 들어 오랫동안 비가 오지 않아 고통 받고 있던 중 구름이 끼고 천둥 소리가 커다랗게 들리기 시작하였다면 곧 비가 올 것이라 생각하고 기대하고 있겠지만, 비는 오지 않고 천둥 소리만 크게 나는 현상이라 할 수 있습니다. '빈 수레가 요란하다'라는 속담과 동일한 얘기입니다. 남이 보았을 때는 대단해 보이고 엄청나 보일 수 있습니다. 겉으로는 성대하고 웅장하기에 충분히 대단해보일 수 있는 것입니다. 그러나 여기에는 실속이 없는 상황입니다. 만약 사업으로 예시를 든다면 사업의 규모도 그럴싸하고 연매출도 잘 나오고 있는 상황입니다. 하지만 연매출만 크지, 순수익은 낮은 편입니다. 해당 시기에는 사람이 갑자기 욱해서 행동을 하게 되는 경향이 생길 수 있는데, 이러한 행위는 당사자를 특히 악하다고 평가하게 되도록 만들 수 있습니다. 급진적으로 치고나가려는 성격을 억누르고, 조용히 자리를 지키려는 태도로 일관할 필요가 있습니다. 성장과 확장의 기회라고 생각되는 것이 보이겠지만, 이는 보이기에만 괜찮아 보일 뿐 실리가 없는 것이라 할 수 있습니다. 소극적인 태도를 가지고 상황을 지켜볼 수 있어야 할 것입니다.

제 1장 인과를 찾아내는 학문 육효

4-2 뇌택귀매(雷澤歸妹)

귀매는 젊은 여자가 시집가는 것을 의미합니다. 이는 기혼자로서 인생의 제 2막을 시작한다는 의미인데,시작하고 출발한다는 의미를 가지고 있습니다. 그런데 중요한 것은 이 괘가 시작이 좋다는게 아니라, 나쁘다는 것을 의미하고 있다는 것입니다. 시작이 잘못되었기에, 앞으로 진행될 일에도 여러 불편한 사건이 따르게 될 수 있습니다. 마음이 초조해지고 실망하는 일이 많은 상태입니다. 어떤 일을 할 때든 충분히 주의할 필요가 있습니다. 다른 사람보다 앞서서 자신이 무언가를 하려 하지 말고, 자신의 입장을 적당히 뒤에서 지키는 것이 좋은 시기라 할 수 있습니다. 해당 괘에 적용되는 시기의 남성은 추가적인 효과를 받게 되는데, 남녀 관계로 인한 문제가 생길 수 있습니다. 여러 사람의 관계가 얽혀서 골치아픈 일이 생길 것입니다. 연애 관계 뿐만 아니라 사업 등 타인과 엮여 있는 모든 관계에서 적극적으로 행동하지 말고, 수동적으로 조심스러운 모습을 보이는 것이 좋습니다. 어떤 것에 관련된 일이든 '시작'을 하려 한다면, 자신의 의견은 가장 마지막에 반영하고 다른 의견을 먼저 고려하여 적용 시키는 것이 좋습니다. 아쉽겠지만 본인의 노력은 별 다른 소득으로 작용하지 않을 가능성이 큽니다. 좋은 일이 잘 생기지 않는 시기입니다. 좋은 일이 일부라도 이루어지면 다행이라도 할 수 있으며, 그것조차 일시적일 가능성이 있으니 참고하시기 바랍니다.

4-3 뇌화풍(雷火豐)

4-1 뇌천대장과 유사합니다. 풍성하고 성대하다는 의미를 가진 '풍'이 있기 때문입니다. 물론, 겉으로 강성해보이는 것과는 다른 내면을 가지고 있다는 것도 유사합니다. 무엇을 행하든 집중력이 틀어지는 순간 바로 실수가 드러나는 유형입니다. 남과 충돌하게 되는 등 말썽을 일으켜 나쁜 결과를 낳게 되기 쉽습니다.

다만 완전히 좋은 의미를 부여 받을 수 있는 분야가 있으니 전기에 관련된 일이나 농업에 관련된 일이 이에 해당됩니다. 전기일은 결과와는 별개로 이득을 얻게 되며, 농업은 풍작을 겪게 됩니다. 겉으로 강성해보이는 이유는 현 상태 기준, 운이 가득 들어차있기 때문입니다. 최고조에 달해있다 할 수 있습니다. 그러나 빛이 있으면 그림자가 존재하는 법. 밝고 활기차 보이는 운세의 면 뒤에는 걱정과 비밀이 감추어져 있습니다.

해당 시기의 문제는 타인과의 접촉으로 인해 좋지 못한 결과가 생기게 되는 것입니다. 그렇기에 사업이나 결혼 등을 해당 시기에 하는 것은 그다지 추천드리지 않습니다. 취직이나 입학도 아쉬울 수 있습니다. 갈등이 생길 수 있기 때문입니다.

제 1장 인과를 찾아내는 학문 육효

4-4 진위뢰(震爲雷)

소란스러운 소동이 생겼는데, 그 상황이 지나가거나 현명하게 대처했을 경우에 길한 운이 생기는 괘입니다. 다만 여기서 말하는 소동은 경쟁자와의 경쟁 구도를 의미하고 있을 가능성이 큽니다. 경쟁자와 소동을 일으키고 있을 때는 무슨 일이든 작지 않은 사건으로 이루어질 가능성이 큽니다. 이러한 소동은 소리만 나고 형태가 없는 천둥처럼 겉으로만 정신 없이 중해 보일 것이며, 실제로는 실속 없는 사건일 것입니다. 분발을 높게 평가한다는 의미도 가지고 있습니다. 그렇기에 해당 시기에 노력을 충분히 한다면, 이전에 노력만으로 이루어내지 못했던 것이라도 해낼 수 있게 됩니다.

변화가 많은 시기입니다. 목적도 두 가지 이상이 잡힐 수 있습니다. 이렇게 심상이 너무 분산되어, 어떤 일이든 열중해서 몰입하기 어려워진다는 특징이 있습니다. 그렇기에 일을 실행하기가 어려워지게 됩니다.

해당 시기에 명심해야 할 것은 조급함을 멀리해야 한다는 점입니다. 눈 앞의 이익만 쫓지 말고, 그 이후에 벌어질 일에 대해 생각할 수 있어야 한다는 뜻입니다. 침착함과 냉정함을 갖추고 있어야, 해당 시기를 제대로 활용할 수 있을 것입니다.

4-5 뇌풍항(雷風恒)

항은 지속된다는 뜻입니다. 그리고 해당 시기에서 항은 나쁜 일이 아니라 좋은 일이 오랫동안 지속될 수 있다는 뜻으로 사용됩니다. 이전부터 하고 있던 긍정적인 일이 엄청난 이변이 없는 이상 멈추지 않고 이어지는 시기입니다.

뇌풍항 시기는 긍정적인 기운인데, 여기서 말하는 긍정적이라는 것은 평범함을 의미하는 것입니다. 평범하고 당연한 일상이 좋은 삶이라는 뜻을 가지고 있습니다. 일상이 곧 행복이라는 말과도 동일합니다.

일상에서 안좋은 일이 추가로 생기지 않게 해주는 괘이지만, 거기서 일상을 넘어서 새로운 일을 시작하려는 계획은 넣어두는 것이 좋습니다. 새로운 일을 시작하려고 하면 중간에 좌절할만한 사건이 생기게 될 수 있기 때문입니다.

계속 반복되는 일상이 지겹다고 느껴질지라도, 거기서 많은 안정감을 받고 있다는 사실을 체감할 수 있어야 할 것입니다. 이러한 안정을 깨뜨리지 말아야 한다는 생각을 하도록 유도하는 괘라 할 수 있습니다.

4-6 뇌수해(雷水解)

해는 녹이다는 뜻입니다. 겨우내 얼었던 눈과 얼음이 녹았는데, 이는 곧 봄이 왔다는 뜻입니다. 얼어붙은 것 마냥 꽉 막혔던 일이 녹듯이 해결되고, 여러 분야에서 성장하게 되는 계기가 생기게 될 수 있습니다.

추위로 인해 생긴 얼음으로부터 해당되었다는 의미도 있습니다. 지금까지 풀리지 않았던 일이, 억압 당하고 있던 것들로부터 해방되는 것처럼 순조로운 상황으로 바뀌게 됩니다.

고민을 가지고 있던 사람은 고민을 해결할 수 있는 실마리를 붙잡게 되며, 인간관계에 오해를 가지고 있었다면 그것이 오해라는 사실을 체감하게 되는 일이 생기게 됩니다. 이때 중요한 것은 꾸준한 노력입니다. 이전에 잘 안되었던 것도 꾸준히 노력함으로 이뤄내는 것이 가능합니다. 수하에 유능한 부하나 반려자를 가지게 되는 것도 한 몫합니다.

다만, 주저함은 지향하는 것이 좋습니다. 주저 하다가는 때를 놓치게 되기 십상이기 때문입니다. 여기서 때를 놓치게 되면 기회를 놓치게 되는데, 이 때문에 주변 경쟁자들과 차이가 큰 폭으로 벌어지게 될 수 있습니다.

4-7 뇌산소과(雷山小過)

소과는 약간 지나치다는 뜻입니다. 무슨 일이든 정도를 넘으면 해가 된다는 의미입니다. 다소 강하게 말하자면 자기의 분수 밖의 일을 도모하지 말라고 해석할수도 있습니다.

해당 괘는 지나치다는 뜻이지만, 괘로 인한 해석은 타인과의 마찰을 예견합니다. 자신의 사리사욕에 눈이 멀어 위험을 자초하게 될 수 있는데, 여기서 말하는 위험은 남을 무시하거나 본인만을 믿어 생기게 됩니다. 시기를 놓치기 쉽고 부담이 많기에 주변 사람들과 마찰이 잦은 것입니다. 의심 때문에 대화가 잘 통하지 않는다는 것도 타인과의 마찰을 일으키는데, 한 몫합니다.

새로 시작하려는 일에 대해, 다른 구성원들과 손발이 맞지 않아 곤란할 때도 많습니다. 의견 차이, 기계 파손 등 인간적인 일과 우연히 벌어질 법한 일이 자주 생기며, 노력을 많이 해도 성과가 부진한 편입니다.

4-8 뇌지예(雷地豫)

예는 준비한다는 뜻을 가지고 있습니다. 앞으로의 일을 준비해두는 것으로 상황을 쉽게 해결하여 즐거워 한다는 의미입니다. 여기서 핵심은 미리 준비를 통해 이후의 행복을 누릴 수 있다는 의미입니다.

모든 일에 있어 앞으로의 일을 예상하고 충분한 준비를 갖추어 놓는다면 성공을 기약할 수 있습니다. 완전히 새로운 분야로 접근하는 것도 충분히 좋습니다. 여유를 가지고 준비를 할 수 있는 기간 내에 기획이나 설계를 한다면 충분히 좋은 생각을 떠올릴 수 있으실 것입니다.

강성함을 갖출 수 있는 시기입니다. 실력을 인정 받을 수 있는 시기이기에 이전에 해오던 노력이나 무언가가 있다면 계속 이어 가보는 것이 좋습니다. 이로 인해 윗사람의 신뢰를 얻고 지위가 올라가게 될 것입니다.

다만 바라는 일에 전력을 다해 열심히 하지 않으면 성취가 늦어집니다. 자신이 할 수 있는 방법을 최대한 동원하는 것이 좋은데, 이때 다른 사람의 도움을 받아도 되니까 방법을 계속 찾아보시는게 좋습니다.

5) 풍괘 = 바람

5-1 풍천소축(風天小畜)

소축은 조금씩 모아둔다는 뜻입니다. 하늘에서 습기가 모여 비구름이 될텐데, 아직 비를 내릴 수 있을 정도로 모이지 않은 상태를 비유하는 것입니다. 이처럼 아직 목표를 이룰 수 없으며 그렇다고 이전 상태가 될 수도 없는 어정쩡한 상태라고 할 수 있습니다.

아직 때가 되지 않아 힘든 유형입니다. 분명히 시간이 해결해줄 수 있는 문제인데, 아직 그 시간이 지나지 않은 것입니다. 문제는 시간을 보내는 동안 우울하고 개운치 않을 수 있습니다. 흐린 하늘을 보는 것처럼 말입니다.

계획하고 있는 모든 것이 마음먹은대로 진행되지 않을 수 있습니다. 그러나 계속해서 말씀 드리고 있듯이 머지 않아 기회가 올 것입니다. 조급해 하거나 서두르지 마시길 바랍니다.

이사나 여행처럼 이동할 일정이 있었다면 미뤄두는걸 추천하며, 무언가를 시행하려는 것도 자제하길 바랍니다. 실력을 더 키워두어야 할 시기라고 생각하면 좋습니다.

5-2 풍택중부(風澤中孚)

중부는 성심 성의라는 뜻입니다. 무엇이든지 성의를 다해서 대하면 대길할 수 있는 운세입니다. 큰 성취를 얻기 위해서는 부지런한 노력이 필요하다는 뜻이기도 합니다. 정직하게 부지런해야 합니다. 경솔하거나 일관성이 결여되어 있으면 좋은 기운이 빠져나가게 될 수 있습니다.

이러한 상황이 가장 잘 나타나는 상황은 남녀간의 이성 문제입니다. 연인끼리 다툼이 일어날 수 있습니다. 그런데 그것과 반대로 부부간에는 자식이 생길수도 있는 운입니다. 자신의 입장에서 솔직함을 갖추고 상황을 인정할 줄 알면 본래 자신의 실력 이상으로 잘 풀어낼 수 있습니다.

이는 연애, 사업, 취직 등 거의 모든 분야에 해당되는 말입니다. 일시적으로 부진한 상황이 생길수도 있습니다. 그러나 이는 말 그대로 일시적인 것입니다. 다소 부진함이 보이더라도 꾸준히 해나갈 수 있다면 분명 원하는 것을 이룰 수 있게 됩니다.

5-3 풍화가인(風火家人)

가인은 아내를 말합니다. 아내는 가족을 의미하기도 합니다. 그렇기에 가족이 합심하여 기운을 이끌어가는 형태라고 할 수 있습니다. 아내를 말한다 한 것처럼 여성적인 느낌이 있는 운세인데 고요하다는 것이 특징입니다. 착실히 자기 할 일을 다하고 안정적인 모습을 생각합니다. 원만한 일상을 보낼 수 있게 됩니다.

집안에서 하는 일은 잘 풀릴 것이고 외부에서 하는 일은 잘 되지 않을 수 있습니다. 다만, 다른 사람에게 의뢰하거나 협조하는 일은 길합니다.

협력, 따뜻함, 휴식이 핵심입니다. 힘을 합쳐 일을 도모하면 기쁜 일이 생길 때가 많고 만사가 평탄합니다. 반면 집안 내의 분쟁, 친척간의 다툼, 친한 사이의 구설이나 애정문제가 생길수도 있씁니다.

외부 사업을 하던게 있으면 잠시 손을 떼는 것을 추천합니다. 장부의 정리를 서둘러 하여 갈무리가 덜 된 상황을 내부적으로 옮겨둘 필요가 있습니다.

5-4 풍뢰익(風雷益)

익은 더하다, 보태다 라는 뜻입니다. 흩어졌던 것들이 한 곳으로 모이는 형상입니다. 익의 보태다는 뜻은 내가 가지고 있는 것을 나누어준다는 의미인데, 나누어주는 것은 위에서 덜어서 아래로 보태주는 것이라 할 수 있습니다. 지금껏 했던 모든 노력과 투자가 익(모이다)하여 다시 합쳐지는 시기라 할 수 있습니다. 적극적으로 일을 추진할 시기입니다. 다른 사람의 도움을 얻을 수 있고, 이익을 볼 수 있습니다. 이때 공익을 추구한 다음 자신의 이익을 보면 서로가 득을 볼 수 있습니다. 사업도 순조롭습니다. 이때 남을 위한 사업을 진행하면, 후에 몇 배로 돌아오게 됩니다. 도움을 주는만큼 받을 수 있는 시기라고 할 수 있습니다.

5-5 손위풍(巽爲風)

손은 바람을 말합니다. 그 중에서도 순종적인 바람을 말하는데, 부드럽고 유순합니다. 다만 이것이 무조건 좋은 것은 아니니, 확고한 신념이 없이 이리 저리 방황하는 것이라 볼 수도 있습니다. 해당 시기에는 이러한 바람에 몸을 실어야 합니다. 적극적인 행동을 자제하고 윗사람이나 선배의 지도에 따라서만 일을 추진하는 것을 추천드립니다. 시운에 편승하는 것이 하루하루를 쉽고 가볍게 보낼 수 있을 것입니다.

침착함이 부족할 수 있습니다. 침착함을 해치는 감정은 불안감입니다. 정신적인 불안 때문에 이성적인 판단에 약한 모습을 보일 수 있는데, 사건이 겹쳐서 일어나기 때문에 생기는 혼란의 영향이 큽니다. 이때는 다소 확고함이 보여야 할 시기임에도 불구하고 확신을 가지지 못해서 피해를 만들 수 있습니다. 다른 사람의 꼬임에 넘어가 사기나 손해를 입을 수 있다는 뜻입니다.

5-6 풍수환(風水渙)

환은 흩어진다, 분산된다는 의미입니다. 이는 곧 어려움이 흩어져서 점차 희망적이고 긍정적인 기운이 모이기 시작한다는 뜻입니다. 바다와 연관이 깊습니다. 괘의 분산된다는 뜻은 국내 물건을 분산 시켜 보낸다는 뜻으로 해외무역이나 해외 유학이 일어날 것을 암시하기도 합니다. 그런데 환의 뜻은 분산된다는 것도 있습니다. 이는 금전 문제로 이어집니다. 지출이 많아지고 매일 분주하게 일에 쫓기게 될 수 있음을 말합니다. 큰 규모의 지출이나 주거지 이동에 주의하시면 좋습니다. 마음 속 근심이나 괴로움에서 해방되는 시기입니다. 이는 지금까지 참아왔던 마음을 분출하기 좋은 시기라는 의미이기도 합니다. 그렇기에 준비했던 사업이나, 일을 키우려는 시도를 한다면 잘 될 수 있습니다.

5-7 풍산점(風山漸)

점은 전진, 천천히 나아가다라는 뜻입니다. 이는 성장을 의미하는 경향이 강합니다. 입신출세, 승진도 가능할 것입니다. 이 밖에 다른 일도 첫 걸음을 내딛는데 성공할 것임을 의미합니다.

갈고 닦은 노력이 빛을 보이려 하는 시기입니다. 다만, 결실이 보이려 한다는 이유로 무모한 선택을 하지 말고 침착하게 발전을 유지한다면 확실한 성장을 이룰 수 있을 것입니다.

일을 오래 끄는 것이 좋습니다. 서두를 필요가 없다는 뜻입니다. 무언가를 진행 시키려 하지 말고 조용히 기다리고 있으면, 자연스레 점점 좋아질 것입니다.

풍산점은 여성에 혼인운으로 작용합니다. 순서를 착실히 밟아 결혼을 한다는 의미이며, 이때 결혼을 하게 되면 평화로운 가정을 꾸릴 수 있게 됩니다.

5-8 풍지관(風地觀)

관은 본다, 살핀다는 뜻입니다. 높은 곳에서 세상을 관망하는 형태라 할 수 있습니다. 세상과 사람을 면밀히 관찰하여 모두에게 필요하거나 공익이 될만한 일을 준비합니다.

종교, 학문 같이 연구되는 분야에서 훌륭한 성취를 보일 수 있습니다. 이로 인해 사람들에게 존경을 받고 성과를 인정받게 될 수 있습니다. 융통성이 부족해질 수 있습니다. 자신의 말이 맞는 것 같더라도, 남의 의견을 끝까지 듣고 그것에 대해 생각해보는 시간을 가지는 것이 중요합니다.

본인의 의도와는 관계 없이 혼란스러운 상황에 끼게 될 수 있습니다. 이때 어떤 반응을 보이느냐에 따라 인생이 크게 바뀔 수 있습니다. 변화의 전조가 보이는 시기입니다. 침착하게 주변 환경과 바른 처세를 취할 준비를 해야 할 것입니다.

6) 수괘 = 물

6-1 수천수(水天需)

수는 기다린다, 대기한다는 뜻입니다. 때가 오기를 기다리며 얌전히 대기하고 있는 것이라 할 수 있습니다. 이는 자신이 할 수 있다는 자신감과 포부가 있더라도 마찬가지인데, 어차피 시기가 맞지 않아 성취가 어렵기 때문입니다.

아무리 지혜가 총명하고 재력을 갖추고 있다 하여도 인정받지 못할 수 있는 시기입니다. 그렇기에 장기적으로 생각할 필요가 있습니다. 초조함이 가장 큰 적이라 할 수 있습니다.

해당 시기에 '어, 이거 괜찮은 생각인 것 같은데'라는 생각이 든다면, 그 기획은 확실히 좋은 기획일 가능성이 매우 큽니다. 하지만 계속해서 말했듯 시기가 좋지 않습니다.

그렇기에 일단 기다려야 할 것입니다. 입학, 취직, 여행, 결혼, 출산 등 날짜가 정해진 모든 개념이 그다지 좋지 못합니다. 조급하게 생각하지 말고 기다려야 합니다. 자중하고 기다릴 필요가 있습니다.

6-2 수택절(水澤節)

절은 절제를 의미합니다. 유혹이 많이 생길 수 있는 시기입니다. 정신을 똑바로 차리고 절제해야 합니다. 이는 모든 일에 적용되는 사항입니다. 지금 하던 일을 멈추어야 할 때를 의미하기도 합니다. 수월하게 잘 진행되다가도 무언가 피해를 입을 수 있는데, 이러한 사건이 일어날 조짐을 눈치 채게 됩니다.

무거운 짐을 지고 있는 것과 같은 상태입니다. 심적으로나 신적으로나 힘이 많이 들게 됩니다. 그렇기에 굳이 지금 상태에서 더 이상 무언가를 더 하려고 하는 것은 위험할 수도 있습니다.

쓸데없는 지출이 많아지고, 행실이 문란해질 일이 생길 수 있습니다. 이를 지속적으로 고려한 다음에 절제를 못하여 낭비하는 일이 생기지 않도록 신경써야 합니다.

해당 시기의 끝은 다소 빨리 찾아오는 편입니다. 그렇기에 길게 버틸 각오 없이도 충분히 기다릴 수 있을 정도 입니다.

제 1장 인과를 찾아내는 학문 육효

6-3 수화기제(水火旣濟)

기제는 이미 이루어졌다는 것을 의미합니다. 성취하였다는 것입니다. 상황으로 치자면 가득 차오른 보름달이라고 할 수 있습니다. 그런데 보름달은 날이 갈수록 다시 빠지게 됩니다. 그렇기에 지금 당장은 좋지만, 앞으로 쇠퇴하게 될 수 있다는 것을 암시합니다.

해당 시기에는 만족을 할 수 있어야 합니다. 물론 지금까지 잘 풀렸던 일들이 본인의 능력인 것은 맞지만, 때가 점점 안좋아질 수 있기 때문입니다.

잘 이루어낸 일을 현상 유지 시키는 것이 핵심입니다. 능력은 좋지만 뒷심이 다소 부족할 수 있습니다. 작은 것도 활용할 수 있을 지혜와 노력을 바탕으로, 앞으로 생길 수 있는 균열을 잘 막아내는 것이 중요합니다.

표면상으로는 아직 대단해보일 수 있습니다. 그러나 속은 별로 좋지 못할 수 있습니다. 앞으로 생길 환란을 잘 극복할 수 있도록 준비하여야 합니다.

6-4 수뢰둔(水雷屯)

둔은 정체되다, 막히다, 고민한다는 뜻입니다. 현재 아주 큰 고민을 겪고 있다는 의미입니다. 혹은 아주 깊은 곳에서 기다리고 있다는 뜻으로도 해석됩니다. 사람으로 치자면 한창 고민이 많을 10대 후반에서 20대 중반까지의 시기를 말한다 할 수 있습니다. 고뇌하고 있는 사업가를 생각할 수도 있습니다.

그런데 둔의 뜻은 기다린다는 것도 있었습니다. 이는 자신이 실력자를 얻을 기회를 기다린다는 것도 있습니다.

본래 둔은 부부간에 장남이 태어난 기쁨과 그 아이의 성장을 지켜보는 과정에서 드는 부모의 걱정을 의미합니다. 즉 성장 과정에서 보이는 어려움을 말하는 것입니다.

이때 기준은 성장하는 장남이 될 것이니, 아직 성숙하지 못하여 혼자서는 일의 처리가 어려울 것입니다. 그래도 반드시 다른 사람이 도움을 청하면 도와야 하는데, 도운만큼 나중에 운을 얻게 될 것입니다. 참을성이 필요합니다. 서둘러서도 안됩니다. 본인이 스스로 개척하기에 다사다난한 시기이니, 끝까지 버틸 생각으로 기다리는 것이 좋습니다.

6-5 수풍정(水風井)

수풍정은 성장 가치가 높지만, 아직 여물지 못한 인재 같은 괘입니다. 다듬어지기 전 단계인 다이아 원석이라고 할 수 있습니다. 여기서 중요한 것은, 원석은 스스로 다듬어지지 못한다는 점입니다. 타인의 손길을 거치는 과정이 필요합니다.

우물에서 물을 길어 마시려면 두레박이 필요합니다. 여기서 두레박이 의미하는 것이 또 다른 도움입니다. 다른 무언가, 누군가의 도움을 받아야 합니다.

해당 시기에는 항상 불안하고 혼란스러운 상황을 겪게 될 수 있습니다. 그러나 점차 양호하게 바뀔 것을 암시하고 있습니다. 그렇기에 본래 하던 일을 꾸준히 해야 할 필요가 있습니다. 중도에 멈추지 말고 꾸준하게 진행할 필요가 있습니다.

신규 사업이나 사업 변동을 하게 되면 흐름이 달라질 수 있습니다. 그렇기에 뚝심있게 본래 하던 것을 이어가야 합니다.

6-6 감위수(坎爲水)

감은 물이 겹쳐있다는 뜻입니다. 위험과 고난이 겹쳐있음을 의미합니다. 안좋은 사건이 중첩되어 있기에 본인 마음대로 무언가를 하기가 어렵습니다.

해당 시기에는 자신이 힘을 쓰기 어렵다는 사실을 받아들이고 조심스럽게 시기를 보내는 것이 좋습니다.

작은 실수가 나비효과를 일으켜서 큰 문제로 돌아오게 될 수도 있습니다. 특히 괜히 남의 일에 말려들어 손실을 입게 될 수 있습니다. 그렇기에 남의 일에 굳이 참견을 하지 말고 자신이 무엇을 해야 할지, 무엇을 할 수 있을지부터 고민하는 것이 좋습니다.

소극적인 처신이 필요할 때입니다. 계약에서는 사기를 당할 수 있으며, 아무 잘못 없이 법적인 문제에 휘말리게 될 수 있습니다. 결코 무리하지 않기를 추천드립니다.

6-7 수산건(水山蹇)

건(蹇)은 험난하다, 다리를 전다는 뜻입니다. 모든 일이 더디고 어려운, 아주 딱한 상태에 놓여 있다고 할 수 있습니다.

이 괘는 매우 흉운입니다. 사람의 힘으로는 타개할 수 없는 난국에 빠져 몸을 움직일 수가 없는 상황이라 할 수 있습니다.

다른 사람의 감언이설에 속거나 도난, 주거상의 문제가 발생하게 될 수 있습니다. 이때 상황을 벗어나기 위해 움직이면 움직일수록 더욱 깊은 수렁 속으로 빠져 들어가게 될 수 있습니다. 오직 참고 기다리며 제 자리를 지키는 것이 상책이라 할 수 있습니다.

한번 무언가 시도를 하면 기회비용도 회수하지 못하게 될 수 있습니다. 시도하는 것 자체가 무리라고 할 수 있습니다. 도전이 아니라 할 수 있는 것이 당연한 일을 하는 것이 좋습니다.

6-8 수지비(水地比)

비는 친하다는 뜻입니다. 주변에 사람들이 모여드는 형상입니다. 바른 신념을 가지고 다른 사람들과 화합하면 처음엔 우여곡절이 있더라도 결국 많은 사람들의 협력을 얻어 사업을 성취할 수 있습니다.

조금이라도 빨리 믿을만한 사람을 찾아서 협력이나 도움을 요청할 필요가 있습니다. 믿고 의지할 사람, 동료를 얻게 되는 것만으로 성취가 늘어나는 시기라고 할 수 있습니다.

이때, 독단적인 행동은 자제해야 합니다. 믿을만한 사람을 만들었다면, 그들과 제대로 협력하고 의견을 나눌 필요가 있습니다.

특유의 친화력 때문에 주변에 사람이 많은데 모든 사람이 아군은 아닙니다. 몰려든 사람 중에 서로 맞지 않는 사람이 있으면 다툴 수 있으며, 그것으로 인해 적대적인 관계가 될 수 있습니다.

7) 산괘 = 산

7-1 산천대축(山天大畜)

대축은 크게 모으다, 크게 기른다는 의미를 가지고 있습니다. 작은 것이 모여 큰 하나가 된다는 의미로 '티끌모아태산'과 같은 의미입니다. 곡식이 창고에 가득 쌓여있는 것과 같은 운입니다. 운이 찾아온 때입니다. 갑자기 떡하기 좋은 일이 생긴게 아니라, 오랜 기간 공을 들였던 것에서 좋은 일이 생기게 된 것이라 할 수 있습니다. 노력을 통해 실력을 갈고 닦으며 큰 돈을 저축하는데 성공한 모습입니다. 이 과정이 순탄하지 않았을 것이니, 끈기와 노력이 충분하였다고 할 수 있습니다.

한번에 큰 성공을 노리는 것은 좋지 않습니다. 자신이 좋은 운이 있다고 자만하는 것처럼 되기 때문입니다. 충분한 노력과 정성이 강조되어야 합니다. 다만, 하는 일은 작은 것부터 시작하더라도 뜻은 크게 품는 것을 추천드립니다.

시일을 길게 잡는 것이 좋습니다. 기대를 쉽게 가지지 말라는 뜻입니다. 이렇게 되면 본인이 쉽게 지치게 될 수 있기 때문입니다.

7-2 산택손(山澤損)

손은 손실을 의미합니다. 그런데 이는 그냥 손실이 아니라 투자라고 할 수 있습니다. 해당 시기에 본 손해가 나중에 몇 배의 이득으로 돌아오게 된 다는 뜻입니다.

다소 이상하게 들릴지 모르겠지만 '무언가를 잃었다면 동시에 무언가를 얻은 것이다'라고 생각하면 됩니다. 물질적으로 손해가 따르더라도 그 행위에 의해서 상대를 기쁘게 하고 덕을 베푸는 것이 됩니다.

게다가 이 손해가 반드시 자신의 이익이 되어 되돌아오게 되어 있으니 더더욱 좋다 할 수 있습니다. 이때 손해가 득이 된다하여 적극적으로 손해를 보는 태도는 피해야 합니다.

자신이 생각하였을 때 신뢰를 가져도 되는 상황에서만 뒤따를 수 있도록 하여야 합니다.

7-3 산화비(山火賁)

비는 꾸미다, 장식하다 라는 뜻입니다. 출세한다는 괘입니다. 또한 겉만 번지르르하게 꾸며내다는 뜻도 있습니다. 이는 사기 당하기 좋다는 의미입니다.

남이 거짓말을 하고 있는지 판단할 수 있을 정도의 능력은 필요하며, 언제나 듣기 좋은 말을 의심해야 합니다. 작은 일에는 운이 좋은 편이지만 큰 일은 아닙니다. 그렇기에 일을 키우거나 만들 때는 충분한 검토가 필요합니다.

특히 내부적인 일일때 그러합니다. 그 중에서 패션, 장식 등 꾸미기에 관련되었으면 더 좋습니다. 사소한 문제에 신경을 쓰지 않음으로 자연히 해결되도록 하는 편인데, 자신의 상황을 고려하지 않고 안락하고 호화로운 생활을 원합니다. 크고 먼 곳만 바라본다는 뜻이라 할 수 있습니다.

7-4 산뢰이(山雷頤)

이는 얼굴에 있는 턱을 말합니다. 여기서 말하는 턱은 입이 먹는 것인 음식 뿐만 아니라 자신이 습득하는 지식이나 사상, 언어 등을 모두 관리하고 있습니다.

이때 턱으로 씹을 소위 '음식물'을 잘못 먹게 되면 신체에 장애가 생길 수 있으며, 재난이 생길 수 있습니다. 특히 말을 잘못해서 벌어지는 사건이 많을 것입니다. 겉으로는 괜찮아 보일지 몰라도 속으로는 고민이 많습니다.

추진하려는 자신감이 필요합니다. 큰 이익을 목표하지 말고 우선 추진하시길 바랍니다. 단, 일을 추진하는 과정에서 사기나 손실을 당할 우려도 있으니 조심해야 합니다.

원하는 것이 이루어지는 시기이지만, 정도가 클수록 많은 시간이 필요합니다. 그렇기에 원하는 것이 클수록 스스로의 노력이 더 필요한 유형입니다.

7-5 산풍고(山風蠱)

고는 깨진다는 뜻입니다. 파괴된 것을 복구하려면 많은 노력이 필요합니다. 이처럼 주변에는 여러 가지 난제와 뜻밖의 사건들이 일어나서 혼란에 싸여있는 상황이라 할 수 있습니다.

점점 사업의 부진, 재산상의 손실 등 재난이 발생하는 불안과 위험함을 체감하는 시기입니다. 만약 이를 해결하고자 한다면, 뭔가 방법을 찾아내야 하고 지난 생활을 과감히 뜯어 고치려는 용기와 결단력이 필요합니다.

강한 사업운이 있습니다. 강한 운으로 사업을 하는 사람에게는 길한 괘로 회사내부의 인사와 회계감독만 단단히 한다면 본인이 스스로 큰돈을 벌게 될 것입니다. 새로운 기분으로 새로운 방향으로 바꾸는 것이 좋습니다.

7-6 산수몽(山水蒙)

몽은은 어리다, 어리석다, 어리석음을 일깨운다는 의미가 있습니다. 아직 어리석기에 제대로 보지 못하고 있지만 곧 좋은 일이 올 것임을 암시합니다.

다른 의미로는 선생을 찾아 가르침을 구하고 계몽을 받는 것을 뜻하기도 합니다. 학문에 진실한 태도가 필요한 것처럼 자기가 추진하는 일에 신뢰감을 가지고 행할 필요가 있습니다.

단독으로 무언가 하려는 것은 매우 좋지 않습니다. 다른 사람의 의견을 충분히 듣고 그것이 시행하려는 생각을 해보시길 바랍니다. 경험에서 우러난 조언을 충분히 고려하는 것이 좋습니다.

혼자힘으로 안된다는 것이 포인트입니다. 확실한 도움을 받되, 자신이 갚아야 할 빚이라고 생각하든, 혹은 아예 도움을 밀어내든 정확히 끝까지 하는 것이 중요합니다.

고민에 자주 빠질 수 있는데, 이는 마음이 혼란하기 때문입니다. 본인이 제대로 해결할 수 없는 일을 겪었기 때문일 가능성이 높습니다.

7-7 간위산(艮爲山)

간은 정지한다는 뜻이다. 두 개의 산이 중첩되어서 악으로 전진하려해도 전진할 수 없고 제자리걸음만 하고 있는 모습입니다. 움직이지 않는 산처럼 멈추어야 합니다.

행동을 정지하고 장래를 위하여 실력을 기를 때입니다. 초조하여 무리하게 움직이면 오히려 위험에 빠지게 될 것입니다. 움직이면 움직일수록 불리합니다. 금전적으로도 손해를 보게 되고 또 상해를 입게 될 수 있습니다.

생각했던 것이 곧 이루어지지도 않으니, 마음을 안정하고 때를 기다려야 합니다. 때를 기다리는 동안 눈앞에 당장 닥친 문제부터 바라보는 것으로 본인의 성장을 모도하는 것을 추천드립니다.

7-8 산지박(山地剝)

박은 깎다, 벗기다는 뜻으로 태산이 점차 무너지고 깎여 그 형태가 볼품없이 일그러지는 것을 말합니다. 다른 사람으로 인하여 강제로 무엇인가를 빼앗기게 되는 것이라 할 수 있습니다.

원래 힘겨운 입장에 놓일 때는 어떻게 해서든 위험에서 자신의 몸을 지키고 빠져나갈 수 있게끔 노력해야 할 필요가 있습니다. 만약 사고가 난다면 내부적인 문제일 것입니다.

그렇기에 내부 검토를 확실하게 시행할 필요가 있습니다. 이렇게 틈이 있는 이유는 실력이 부족하였기 때문일 가능성이 있습니다.

8) 지괘 = 땅

8-1 지천태(地天泰)

태는 크다, 편안하다, 통한다는 의미입니다. 마치 지금 같다고 할 수 있습니다.이 시기에는 모든 것이 안정되어 있으니 태평한 때입니다. 이 괘는 64괘 중에 가장 이상적인 형상입니다.

하늘과 땅이 화합하여 만물을 양육하므로 바야흐로 태평성대가 펼쳐집니다. 모든 면에서 불만이 없는 상태로서 마음먹은 대로의 행동이 가능해질 것입니다.

약간 목표를 낮추어 도전하는 것이 좋습니다.직장이나 시험 등을 말입니다. 시기가 늦어지더라도 점점 높은 목표를 이룰 수 있게 될 것입니다. 사소한 노력에도 큰 성공이 따를 수 있습니다. 운이 강할 때이니, 적극적으로 밀고나가보길 바랍니다.

8-2 지택림(地澤臨)

임은 순서를 밟다, 군림한다는 뜻입니다. 지택림은 상하가 서로 조화를 이루어 친화하는 괘로서 길운을 말합니다. 일정한 순서를 밟아 소망을 성취하는 형상이니 작은 것을 쌓아서 큰 것을 이루게 됩니다. 임은 새로운 시작을 의미하기도 합니다.

대체로 운기가 상승하고 있을 때입니다. 지위의 승진, 봉급이 오르게 됩니다. 그러나 힘이 너무 세서 과장될 수 있습니다. 너무 앞질러가지 않을 수 있도록 조심하기를 바랍니다.

이때 끈기있게 밀고 나가면 됩니다. 경제적인 면에서도 여유를 가질 수 있기 때문에 천천히 자기에 맞추어 생각하면 됩니다.

이 과정에서 끈기를 잃지 말고 열심히 하면 분명 어느 면으로든 좋은 결과를 얻을 수 있을 것입니다.

8-3 지화명리(地火明夷)

명리는 태양의 빛이 땅속으로 떨어진 밤을 의미합니다. 해당 시기는 고난과 어려움의 시기입니다. 이런 상황에서 명리의 밝음이 있어야 희망과 열정이 생길 수 있는데, 명리가 다시 하늘을 밝히는 일이 있으면 분명 한번에 좋은일이 생기게 됩니다.

돌발적인 재난에 주의해야 합니다. 재능 때문에 미움이나 질시를 받게 되므로 너무 표면에 나타나지 않도록 주의해야 할 필요가 있습니다. 학문 연구, 시험 준비 등 남의 눈에 뛰지 않는 일을 조용히 도모하면 됩니다.

새로운 계획은 중단하는 것이 좋습니다. 아무 성과도 얻지 못할 수 있기 때문입니다. 당분간 아무 일도 하지 않고 지내는 것이 많습니다. 돈이 있어도 괴로우며 계약을 해도 후회하게 됩니다. 모든 일에 있어 표면에 나타내지 않도록 노력하고 하고 있을 것입니다.

8-4 지뢰복(地雷復)

복(復)은 돌아온다, 다시 시작한다, 회복하다의 뜻입니다. 겨울이 지나가고 봄이 다시 돌아오는 것을 상징합니다. 지금 고통과 번민이 많더라도 성실하게 노력하고 참는다면 곧 다른 사람의 도움을 얻어 불운이 점차로 사라지게 될 것입니다.

시도해보다가 그만둔 일들에 재차 도전해 본다면 유리하게 전개된 것입니다. 초조해하지도, 조급해하지도 마시기 바랍니다.

다시 해보면 될 것입니다. 마음에 불만이 있어도 7일 동안만 참으면 뜻밖의 이익이 돌아옵니다. 이 괘는 7과 같은 관계가 있는 것이나 문제의 성질에 따라 7일, 7주, 7개월 등이 지나면 해결될 것입니다. 말 그대로 복이 왔다갔다 하며 있던 반복이 계속되는데, 이후에도 숱한 시련과 고통이 있을 수 있습니다. 그래도 방금 말씀 드린 것처럼 반복이기에 참고해주시기 바랍니다.

제 1장 인과를 찾아내는 학문 육효

나머지 8-5 지풍승(地風升), 8-6 지수사(地水師), 8-7 지산겸 (地山謙), 8-8 곤위지(坤爲地)는 각각 대길 대흉, 흉 그리고 길한 기운입니다. 이것은 자신의 육친에 대한 운의 정도입니다. 이를 한번에 설명하는 이유는 각 괘가 너무 간단하기 때문입니다. 넘쳐 나는 기쁨, 정산 등을 말하는 것입니다.

본래 64괘의 설명을 적어둔 조견표를 사용하여 육효의 구성을 만드는 것이 있습니다만, 이는 요즘 잘 사용되지 않습니다. 어차 피 요즘은 육효의 점사를 인터넷을 이용해서 굳이 조견표를 보며 무엇이 어디에 있는지 등을 알아야 할 필요가 없으며, 난이도가 너무 어렵기 때문입니다.

그렇기에 조견표는 육효점을 구축하는데 사용하기 보단 특징 을 보고 참고하는데 사용해보시기 바랍니다.

여섯 효에 지지를 지정하는 방법

육효를 해석하기 위해서는 비신납갑을 필수로 진행해야 합니다. 이러한 비신납갑법은 듣기에 어렵게 들릴 수 있지만, 실은 어렵지 않은 간단한 개념입니다. 참고로 여기서 말하는 효는 차후 설명을 드리겠지만 이해를 돕기 위해 미리 말씀 드리자면, 점괘를 보면 나오는 작대기를 말합니다. - 혹은 -- 로 표기됩니다. 이는 음과 양을 구분하는 것이며 상세한 내용은 후술 드릴 예정이니 지금은 무엇을 효라고 부르는지만 확인해주시기 바랍니다. 설명을 통해 이해를 도와드리도록 하겠습니다. 아래 내용은 육효를 뽑은 상태를 기준으로 하고 있습니다.

1) 효 전체를 보고 내괘와 외괘를 조견표로 판단한다

여섯 개의 효는 초, 이, 삼괘를 내괘, 사, 오, 육괘를 외괘라고 합니다. 그것을 제대로 보고 64괘 조견표를 참고하여 어떠한 괘인지 확인하시면 됩니다.

2) 동한 것을 판단하여 동한 것 기준으로 조견표를 판단한다

만약 동한 것이 있다면 그것에 맞추어서 조견표를 확인하면 된다는 뜻입니다.

3) 조견표에 적혀있는 지지 문자를 각각 내괘와 외괘에 배치한다

조견표를 보면 내괘와 외괘 기준에 지지가 달려있습니다. 그것을 보고 내괘와 외괘의 지지를 배치해줍니다.

4) 동한 효는 동한 육십사괘에 맞추어서 지지를 배치한다

만약 동한 효가 있으면 동한 것에 맞추어서 지지를 찾아 배치해주면 됩니다.

이렇게 조견표에 따라 지지를 배치하는 것을 비신납갑법이라고 합니다. 그러나 조견표 설명에서 말씀 드렸듯, 거의 사용되지 않으며 매우 어렵기에 그냥 참고만 하시면 좋습니다.

전설 속 여섯 짐승을
지정하는 방법

　　　　　　　　　　사방신에 대해 들어보신 적이 있으신
가요? 동쪽의 청룡, 서쪽의 백호, 북쪽의 현무, 남쪽의 주작이 그
대상입니다. 이러한 사방신이 육효에도 활용되는데, 이때는 두 마
리의 신수가 더 추가 됩니다. 이렇게 총 6마리의 신수를 육수 라
고 합니다. 육수를 순서대로 나열하면 청룡, 주작, 구진, 등사, 백
호, 현무입니다. 이때 이들을 부를 때 간략하게 하기 위해 한 글자
씩 따서 청, 주, 구, 사, 백, 현이라고 합니다.

　　이러한 육수를 육효점을 볼 때 적용시키는 방법은 공식으로 적
용됩니다. 육효를 치는 날의 일간에 따라 어떤 육수가 붙는지가
정해져 있습니다. 각 일간에 따라 초효부터 육효까지 설명 드리겠
습니다. 각 육수는 자기만의 성질을 가지고 있습니다.

갑, 을: 청룡, 주작, 구진, 등사, 백호, 현무
병, 정: 주작, 구진, 등사, 백호, 현무, 청룡
무: 구진, 등사, 백호, 현무, 청룡, 주작
기: 등사, 백호, 현무, 청룡, 주작, 구진
경, 신: 백호, 현무, 청룡, 주작, 구진, 등사
임, 계: 현무, 청룡, 주작, 구진, 등사, 백호

청룡

육수 중 유일하게 긍정적인 의미를 가지고 있는데, 용신에 연루되면 운을 크게 늘려주고 기신에 연루되면 주색에 심취되는 모습을 보입니다.

주작

불을 의미하는데, 성격도 불 같이 성급합니다. 때문에 구설수, 시비 등에 연루가 되어 있으며 말썽, 문제 등으로도 이어집니다. 다만 언론 등 소식을 전할 때는 불처럼 화끈해야 좋기에 길합니다.

구진

성에서 창을 들고 있는 사람의 형상입니다. 성은 묵직하고 웅장한 느낌이라 느리다, 더디다라는 의미를 가지고 있습니다. 다만 땅에 관련되어서는 빠릅니다. 땅에 관련된 것은 다른 것들도 긍정적으로 이어집니다.

등사

뱀이 똬리를 튼 형상입니다. 걸어가다가 뱀을 만나면 깜짝 놀라는 것처럼, 놀랍거나 괴이한 일이 생길 것을 의미합니다. 마음이 불안해지는 시기를 의미하기도 합니다.

백호

쇠, 칼 등을 상징하는데 이 때문에 전쟁으로 연관되고, 전쟁은 죽음으로 연관됩니다. 이로인해 질병, 전쟁이라는 의미를 가지고 있습니다.

현무

물이 휩쓸고 간 자리는 아무것도 남지 않습니다. 이처럼 은근히 혹은 지속적으로 손해를 보게 되는 것을 말하는데, 도둑, 사기 등을 당하거나 하게 되는 것을 말합니다. 추가적으로 성적인 면이 강하다는 의미도 있습니다.

제 1장 인과를 찾아내는 학문 육효

04
육효를 풀어내는
해석 방법

작괘 준비와
유의사항

여기서부터는 육효점을 보는 방법인 작괘법에 대해 설명을 드릴 것입니다. 어떤 과정을 통해 진행이 되는지, 육효점을 쳐주는 입장에서 설명을 드릴 것이니 참고해주시기 바랍니다. 먼저, 육효를 치기 전에 준비하고 생각해놔야 하는 유의사항과 육효점을 치는 주문, 그리고 점을 칠 때 읊어야 하는 기준에 대해 설명을 드리겠습니다.

먼저 작괘를 할 때 유의사항을 알려드리겠습니다. 육효를 치기 전에 먼저 몸과 마음을 청결하고 단정하게 해야 합니다. 하늘의 뜻을 최소한의 절차로 내려 받는 것이기에 성의를 다해야 하며, 경건한 마음을 가지고 있어야 합니다.

이때 알아야 할 것은 같은 질문으로 다시 육효점을 치는 것은 하지 말아야 한다는 것입니다. 애초에 점을 한번 더 친다는 것 자체가 점괘가 마음에 안들거나, 해당 결과를 믿을 수 없기 때문일 것입니다. 그런데 두 이유 중 어떤 상황이더라도 점괘를 다시 본다는 것은 신이 점을 통해 내린 점괘를 무시한 것이기에, 더 이상 점괘를 통해 맞는 결과를 확인할 수 없게 될 것입니다. 육효 결과를 내려준 신을 시험하거나 기만한 것이라 할 수 있습니다.

두번째로 육효점을 치기 위한 주문을 알려드리겠습니다. 주문은 점을 치는 사람에 따라 조금씩 다를 수 있겠지만 보편적으로 아래 말을 사용하시면 됩니다.

"

하늘이 어찌 말하리까 땅이 어찌 말하리까 오직 복서를 통한 신의 영험 하심만이 명쾌한 답을 내려 주십니다.

당신께서 아끼고 사랑하시는 OO생(점을 보는 사람의 생년) OOO(점을 보는 사람의 이름)은 신도의 물음에 정확한 답을 구하고자 엎드려 구복하오니 소상히 밝혀 주옵소서.

이것이 육효점을 보기 위해 사용하는 주문입니다. 해당 주문을 이어서 3번 반복한 다음 작괘를 진행하면 됩니다.

세번째, 점의 기준을 말씀 드리겠습니다. 육효점을 보기 위해 질문을 할 때는 정해져 있어야 할 네 가지 기준이 있습니다. 목적, 용신, 날짜, 지성지도가 그것입니다. 목적은 말 그대로 질문의 목적입니다. 목적이 정확해야 답변도 명확하게 나올 수 있습니다.

용신은 누구에 대한 질문이냐 입니다. 예를 들어 '동생이 다음 달에 결혼을 하는데, 동생 인생에 좋은 결혼이 될까요?'라고 질문하였을 때 용신은 동생인 것입니다.

날짜는 육효를 보는 시점을 말합니다. 육효점을 몇날 몇시에 치르고 있는지도 중요합니다.

지성지도는 얼마나 정성을 보이느냐 입니다. 질문을 하는 사람이 질문의 답변을 얻기 위해 얼마나 진심이느냐에 따라 달렸습니다. 사실 이는 형식상의 질문일 뿐입니다. 진심을 다해 궁금해하고 육효점으로 답을 얻을 수 있다고 믿으시면 됩니다.

여러 가지
풀이법

육효점을 치는 방법인 작괘법은 여러 가지가 있습니다. 현재 시간을 기준으로 육효를 보는 단시법, 완전 정석이라 할 수 있는 설시법이 있지만, 가장 보편적으로 많이 사용되는 것은 척전법이라는 작괘법입니다. 척전법은 3개의 동전으로 육효를 칩니다. 동전 3개를 던져서 그 형태에 따라 어떤 괘가 나오는지를 보는 것입니다. 그렇기에 총 6번을 던져야 육효가 나오게 됩니다. 글자가 써있는 부분은 음이고 숫자가 써있는 부분은 양입니다. 이를 기준으로 나올 수 있는 유형은 음음음, 양양양, 음양양, 양음음 이렇게 4가지가 있습니다. 이때 음음음과 양양양만 '동효'로 취급합니다. 이렇게 작괘법이 여러 가지 있지만, 이를 시행하는 것은 일반인 입장에서 어려울 것입니다. 물론 육효가 일반인이 하기에는 어려운 전문가의 영역인 것은 맞지만, 그래도 시도해볼 기회조차 얻기 어렵다면 이를 알아보는 의미 자체가 없을 것입니다.

그렇기에 활용해야 하는 것은 바로 인터넷입니다. 인터넷에 '무료 육효점'이라고만 검색해도 육효를 볼 수 있는 사이트가 나옵니다. 체계적이진 않습니다. 버튼을 여섯번 눌러서 효를 무작위 값으로 산출해내는 것입니다. 그러나 이것조차 신이 정해준 것이라 믿는다면 충분히 육효로서 작업할 수 있을 것입니다.

제 1장 인과를 찾아내는 학문 육효

점선과
여섯 점선의 조합

괘를 말하는 기준인 효에 대해서 설명을 드리겠습니다. 사실 괘의 정확한 정의는 육효점의 형태라고 할 수 있습니다. 그리고 효는 각 경우의 수를 말한다고 할 수 있습니다.

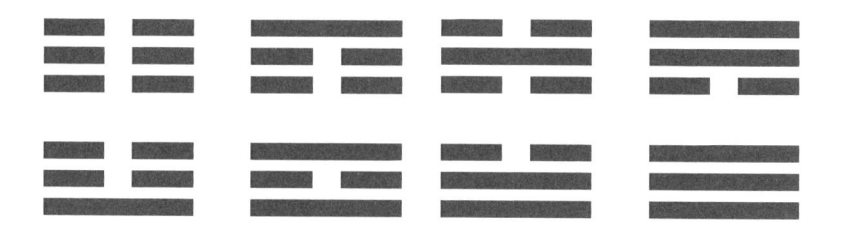

긴 작대기는 양, 둘로 나누어져 있는 작대기는 음을 말하는 것입니다. 즉, 처음 3-1챕터에서부터 말한 것처럼 양양양, 양양음, 양음양… 이런식으로 만들어지는 것입니다.

그리고 이때 사용하는 작대기를 효라고 하는 것입니다. 여섯 개의 작대기 이기 때문에 육효라고 하는 것이지요. 그리고 긴 작대기는 양효, 둘로 나누어진 작대기는 음효라고 합니다. 명칭에 대해 더 설명 드리겠습니다. 육효점을 보면 나오는 여섯 개의 효를 기준으로 밑에서부터 초효, 이효, 삼효, 사효, 오효, 육효라고 합니다. 초효, 이효, 삼효는 '내괘'라고 하며 사효, 오효, 육효는 '외괘'라고 합니다. 내괘와 외괘는 각각 소성괘로 구분되며, 내괘와 외괘가 합쳐져 한번에 대성괘라고 부릅니다.

불운한 기운을 타고난 6가지 괘

앞서 설명해준 64괘 중에도 각각 특정한 의미를 가지고 있는 괘들이 있습니다. 그 중에서 나쁜 의미로 만사불통인 4대난괘가 있습니다. 4대 난괘는 수뢰둔(水雷屯), 감위수(坎爲水), 수산건(水山蹇), 택수곤(澤水困)괘를 말하는것입니다. 어렵게 생각할 것 없습니다. 전부 막막하고 답답한 것이 물이 꽉 들어차서 먹먹한 느낌이라 생각하시면 됩니다.

다음은 유혼괘와 귀혼괘가 있습니다. 유혼괘는 떠돌아다니는 괘입니다. 마음에 일정한 방향성이 없어서 직장을 하든, 가정을 만들든 무언가 안정적인 느낌이 없습니다. 자꾸 다른 지역으로 떠돌게 될 수 있습니다. 귀혼괘는 돌아다니지 못하고 묶여 있는 괘입니다. 여러 가지 일에 구속되어 원하는대로 행하지 못하니 유혼괘와 반대라고 생각하시면 됩니다.

천수송(天水訟), 택풍대과(澤風大過), 화지진(火地晋), 뇌산소과(雷山小過), 풍택중부(風澤中孚), 수천수(水天需), 산뢰이(山雷頤), 지화명리(地火明夷)가 유혼괘에 해당됩니다.

화천대유(火天大有), 뇌택귀매(雷澤歸妹), 택뢰수(澤雷隨), 풍산점(風山漸), 지수사(地水師), 수지비(水地比), 산풍고(山風蠱)가 귀혼괘에 해당합니다.

점괘 풀이시 구분하는
'나'와 '너'

육효를 포함해서 모든 점괘를 볼 때 그 결과는 3인칭으로 나타나는 경우가 대부분입니다. 점괘 해석 안에 '나'가 있고 '나'가 겪게 되거나 혹은 비슷한 식으로 상황을 보여줍니다. 여기서 중요한 것은 '나'를 어떻게 알 수 있느냐가 될 것입니다. '나'에 따라 해석이 아주 크게 달라지기 때문입니다. 그리고 육효에서는 해석을 진행하기 위해 '나'와 '상대'를 지칭하고 있습니다. 해당 두 가지를 기준으로 해석이 진행됩니다.

세는 나, 자신, 나의 편을 말합니다. 이와 반대로 응은 너, 상대방, 상대편에 대한 것을 의미합니다. 사실상 이것만 알면 끝입니다. 육효점을 보면 효 중에 세가 붙은 것이 있고 응이 붙은 것이 있습니다. 이때 세가 붙은 효를 세효, 응이 붙은 효를 응효라고 합니다.

세효의 기운이 강하면 긍정적인 효과를 내며, 반대로 약해지면 부정적입니다. 여기서 기운의 세기는 세효와 응효의 오행의 상생, 비화, 합을 의미하며 약해지는 것은 충, 극, 해를 말합니다. 이것을 통해 질문하는 것에 대한 해석을 할 때, 주체가 무엇이 되는지 기준을 잡을 수 있습니다.

05
묏자리의 상태를 알아보는
육효 결과 활용법

육효로 간단하게
결과를 보는 방법

지금까지 육효점을 보는 방법과 개념에 대해 설명을 드렸습니다. 마지막으로 설명 드린 개념을 종합해서 무덤에 대해 육효점을 보는 과정을 설명 드리도록 하겠습니다. 우선 육효로 간단하게 결과를 보는 방법입니다.

1. 점사*를 하기 전에 모든 준비를 갖춰서 육효를 확인한다.

2. 여섯 개의 효를 보고 64괘 조견표를 참고하여 동하기 전 괘와 동한 괘를 찾는다.

* 점사 : 점을 치고 해석을 하는 행위

3. 조견표를 참고하여 동하기 전의 괘에서 십이지지를 붙인다.(비신납갑)

4. 육십사괘 조견표에 비신납갑법을 참조하여 원래 궁을 찾는다.

5. 육친 관계를 통해 오수를 확인한다.

6. 십이지지 문자를 확인하여 육수를 붙인다.

7. 세효에 있는 육수를 확인하여 이로움과 해로움의 정도를 따진다. 이것은 나한테 적용되는 것이다.

8. 용신에 있는 육수를 확인해서 이로움과 해로움의 정도를 따진다. 이것은 질문의 주체에게 적용되는 것이다.

만약 인터넷 등을 통해 육효 점사를 받아보셨을 경우 7,8번만 보시면 됩니다. 이때 어떤 질문을 하느냐에 따라 적용해야하는 해석 내용이 다릅니다.

무덤에 대한 질문의 경우 묘를 쓰면 안되는 조건인 물과 나무 뿌리를 고려 해야 합니다. 만약 무덤에 물이 차면 시신이 썩지 않습니다. 이 경우 익사하는 후손이 생기거나 돈에 대한 문제가 생길 수 있습니다. 그렇기에 돈 문제를 겪는 후손이 있으면 묘를 파보는 경우가있습니다.

무덤에 물이 차는 이유는 원래 물이 흐르는 지역인데 몰랐거나 물길이 새로 난 것일수 있습니다. 이는 묘자리가 아닌데 묘를 써서 생기는 일입니다. 땅이 얼었다 녹았다는 반복하면 물이 차기도 하는데, 이 때문에 묘는 그늘진 곳에 있어서는 안됩니다.

나무 뿌리가 안좋은 이유는 뿌리가 시신을 건드려 관과 시신을 파손 시킬 수 있기 때문입니다. 그렇기에 무덤을 만드려 하는 곳 근처는 뿌리가 얕게 자라는 나무만 남겨두고 나머지는 뽑아냅니다. 만약 확인하지 못한 나무 뿌리가 있었다면 나중에라도 뿌리를 잘라내고 나무를 뽑아냅니다.

나무 뿌리가 관을 뚫고 들어가서 시신을 감고 있다면 후손들은 그 부분이 좋지 않게 됩니다. 이때 뿌리가 시신의 머리쪽을 감고 있을수록 손윗사람이 아프고, 시신의 발목을 감고 있을수록 손아랫 사람이 아픕니다. 이러한 점을 참고해서 묘지에 대한 가상의 질문을 만들었습니다. 이를 해석하는 내용은 다음과 같습니다.

질문) 이 땅에 묘지를 만드는 것이 좋겠습니까?

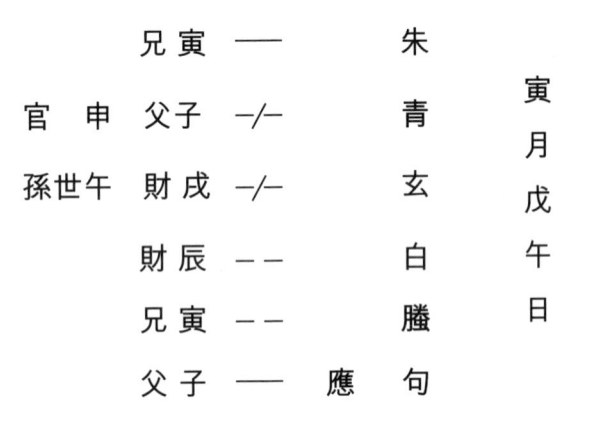

먼저 세효를 봅니다. 세효는 재면서 현무입니다. 그래서 돈에 대한 생각을 비밀스럽게 가지고 있었다는 뜻으로 해석됩니다. 그런데 이 효가 동하였습니다. 그 결과 손으로 바뀌게 되어서, 마음 가짐이 바뀌어 버렸습니다. 기존에 돈에 대한 생각을 가지고 있었다면, 지금은 자손을 생각하는 마음으로 바뀌어 버린 것입니다.

그 다음에는 용신 육수를 보겠습니다. 해당 점사에서는 부를 용신으로 두고 있는데, 부가 두 개입니다. 이럴 때는 동한 효를 기준으로 해석을 진행합니다.

제 1장 인과를 찾아내는 학문 육효

부에는 청룡이 붙어 있으므로, 긍정적입니다. 그런데 부가 동해서 관으로 변하였습니다. 관은 관직, 직업, 승진이라는 의미를 가지고 있는데, 청룡의 긍정적인 기운이 관의 의미에 적용되어 직장, 직업에서 좋은 효과를 받게 됩니다.

즉, 질문자가 지정한 땅에 묘를 쓰면 좋은 기운을 받을 수 있는 것이라는 결과가 나옵니다.

제 2장

명당을 찾아내는 학문

풍수지리

01
바람과 물, 땅의 모양을
구분하는 학문

좋은 자리를 찾아주는
풍수지리

　　　　　　　풍수지리에 대해서는 자세히는 몰라도 간단하게 모르고 있는 사람은 없을 것이라 확신할 정도로, 유명한 개념입니다. 여기서 말한 간단한 정도를 말씀 드리자면, 산과 강의 모양을 보고 해당 장소가 사람에게 어떠한 영향을 주는 기운을 가지고 있는지를 설명하는 학문이라 할 수 있습니다. 그것과 함께 항상 언급되는 요소가 있으니 집 창은 남향이 좋다는 것입니다. 여름에는 시원하고 겨울에는 따뜻하다고 하니 말입니다. 또한 배산임수라는 말도 나옵니다. 앞에는 강이, 뒤에는 산이 있는 것이 명당인 것입니다.

　이렇듯 현대 사회에서도 여전히 많은 사람들이 풍수지리가 건강, 행운, 성공 등에 긍정적인 영향을 미칠 수 있다고 믿고 있습니다. 또한, 풍수지리가 인간과 자연의 조화로운 관계를 강조하는 점은 현대 사회에서 매우 중요한 의미를 지닙니다. 이러한 풍수지리에서는 좋은 묫자리는 어디라고 보고 있으며 어떤 경우에 묘가 좋은 기운을 받을 수 있는지에 대한 설명을 시작하도록 하겠습니다.

먼저 풍수에 대한 명칭에 대해 설명을 드리겠습니다. 풍수는 다른 말로 지리, 감여 등으로 불립니다. 감여는 하늘의 수레라는 뜻인데, 하늘을 지탱하고 있다는 뜻으로 불리는 것입니다. 지리는 산수의 지세, 지형 등의 움직임이라는 의미입니다. 땅을 살아있는 개체로 보고 땅과 인간의 관계를 직접적으로 관찰하였다는 뜻이라 할 수 있습니다.

이처럼 땅은 사람의 해석에 따라 피동적으로 해석되는 위치에 있습니다. 그러나 풍수지리는 땅을 능동적인 개체로 보고 있어서 풍수의 공식이 성립되는 것이라는 점을 알려드리며 본격적인 내용 들어가도록 하겠습니다.

02
풍수지리학을
삼분하는 이론

생김새를 보고
비유하는 물형론

　　　　　　　　　지금부터 풍수를 보는 방법. 즉, 혈자리*를 찾아내는 방법에 대해서 설명 드릴 것입니다. 풍수사가 경력이 쌓이면 자기만의 기준이 생겨서 그것에 따라 혈자리를 잡아낼 수 있지만, 처음에는 혈자리를 짚을 수 있는 기준이 필요합니다. 해당 대목차에서는 혈자리를 짚을 수 있는 기준을 설명 드리려 하는 것입니다. 혈자리를 짚을 때 사용되는 풍수 이론은 세 가지가 있습니다. 물형, 형기, 이기가 그 종류입니다. 하나씩 설명을 드리도록 하겠습니다.

　　물형 풍수를 먼저 설명을 드리겠습니다. 물형론 풍수의 개념은 간단합니다. 무언가를 보고 그것을 사람이나 짐승, 조류 등의 모

* 혈자리 : 풍수지리에서 기운이 모여있는 좋은 자리

습과 유사하다고 하여 그것에 비유하는 것입니다.

이렇게 모습에 따르는 이유는 땅이 의지를 가지고 있으니, 자신이 띄고 있는 모습에 따라 가지고 있는 지세가 다름을 표현하는 것이라 할 수 있습니다. 여기서 지세는 땅이 가지고 있는 기운, 성질이라 보신시면 됩니다.

어떤 모양으로 보느냐에 따라 혈자리의 위치가 다르게 생각될 수 있는데, 보통 처음 물형의 기준을 잡을 때는 '혈자리를 알게 된 후, 그것을 중심으로 산과 강 등을 보니 OO 같은 모습이더라'라고 볼 수 있습니다. 이렇게 만들어진 물형 기준을 통해 '산세를 보니 OO형이겠군. 그렇다면 혈자리는 여기 아니면 저기가 되겠어'라고 결론을 내릴 수 있게 됩니다. 그런데 이렇게 보이는 모습을 기준으로 혈을 찾아 구분하다보니, 필연적으로 한 가지 문제가 생길 수 밖에 없었습니다. 사람에 따라 보이는 모습이 다를 수 있다는 것이 문제입니다.

한반도를 기준으로 보면 어떤 말인지 쉽게 이해가 되실 것입니다. 예로부터 한반도의 모양은 호랑이가 위를 향해 앞발을 뻗고 엎드려 있는 듯한 형태로 보고 있습니다. 그런데 이를 다른 관점으로 본 이들 중 한반도를 비하하고 싶은 이들이 한반도의 형태를 반듯하게 서있는 토끼의 모양이라고 주장하였습니다.

방금 예시로 든 한반도의 모양처럼, 동일한 지형을 보고 다른 형태로 보는 상황이 생길 수 있습니다. 이렇게 되면 특정 형태는 어느 자리가 혈인지를 암기하여 다니는 분들은 혈자리를 자칫 잘못 볼 수 있습니다.

암기가 아니라 산과 강의 모양을 잘 확인하여 기운이 어디인지 확인할 줄 아는 풍수사라면 제대로 혈을 찾을 수 있을 것이니, 다른 형태로 본다고 해석이 완전히 달라지지는 않습니다.

산세의 조화를 보고
혈자리를 찾는 형기론

형기 풍수는 산세의 모양이나 주변 자연 모습을 아름다움, 조화로움을 확인하여 그것이 정점에 이르는 구간을 혈자리라고 말합니다. 형기론을 기반으로 생기가 모인 혈을 찾아보면 확실히 혈이라는 특별한 자리가 맞는 것 같다고 생각이 들 것입니다.

예를 들어 임산부의 가장 큰 특징으로 불러온 배가 바로 눈에 들어오듯이 물형론에서 말하는 혈자리도 딱 보았을 때 신묘하거나 특별해보이는 느낌이 들 수 있습니다. 이에 대해서는 뒤에 나올 본문에서 알게 되실텐데, 풍수를 볼 때 가장 보편적으로 활용되는 방법인만큼 형기에 대한 설명이 주를 이루고 있습니다.

앞으로 설명하게 될 내용을 조금 소개해드리자면 산의 형세를 보고 느낌을 확인하는 방법인 간룡법, 물의 위치와 흐름을 고려하여 그것의 덕을 볼 수 있는 자리를 찾는 방법인 득수법, 바람의 흐름에 따라 기의 이동을 고려하는 장풍법, 지형의 혈자리를 사람의 혈자리와 동일선상에 놓고 그 특징 등을 비교하여 주요 혈을 찾아내는 정혈법이 있습니다.

바람, 물, 산, 사람의 기운을 핵심으로 보는 이론이라 생각하시면 조금 쉽게 받아들이실 수 있을 것입니다.

형기 풍수는 흔히 말하는 배산임수* 이론이 속해있는 풍수법입니다. 명당을 찾을 때 아주 중요한 요소로 작용하기에 주택이나 부지를 선정할 때부터 확인을 하게 됩니다.

그런데 이렇게 설명을 들어보시면 앞서 설명했던 이론인 물형론과 유사한 형태를 보인다는 것을 체감할 수 있으셨을 것입니다. 물형론과 형기 풍수가 유사하게 들리는 이유는 물형론이 형기 풍수에 속해있는 이론이기 때문입니다.

그럼에도 이를 따로 설명한 것은 그만큼 물형론이 많은 비중을 가지고 있다는 것을 알려드리기 위함이었습니다. 형기론에서 물형론을 제외하면 나머지 중에서는 그다지 의미를 보일 수 있는 방법이 없습니다.

그렇기에 정교하고 사실적으로 나타낼 수 있다는 장점을 가지고 있으면서, 물형론에 의지하여 혈의 위치를 찾는 방법을 사용하고 있습니다.

* 배산임수 : 산을 등지고 물을 내려다 보는 자세

제 2장 명당을 찾아내는 학문 풍수지리

전용 도구를 사용해서
혈을 찾는 이기론

               다음 설명 드릴 것은 이기풍수입니다. 이기 풍수는 땅에 혈을 맺여놓은 주체인 양기의 순환 궤도와 양을 패철로 살펴서 혈을 찾는 방법입니다. 여기서 말하는 패철은 나침반 같은 물건입니다. 24방위를 가리키고 있는 해당 도구는 땅 속 기운을 파악하여 풍수 이론에 따라 혈자리를 찾아줄 수 있습니다. 땅 속에서 존재하고 있는 물이나 기운의 흐름을 파악할 수 있게 도와주는 것이 패철인데, 이를 통해 확인하는 이기풍수는 상당히 추상적인 이론이라 할 수 있습니다.

   도구가 있기에 실제로 사용하기에는 문제가 없습니다. 하지만 이를 이론적으로 설명하는 것은 매우 어렵습니다. 객관적 이지만 추상적인 면이 강하기 때문에, 이에 대해서는 전문가가 패철을 잘 사용해서 혈자리를 확인할 수 있는 것이 이기풍수라는 것만 참고 해주시면 좋습니다.

03
산맥을
용의 모양으로 보는 간룡법

산을 용으로
비유하는 방법

풍수에서는 산을 용이라고 부르기에 산을 찾는 방법을 간룡법이라 하고 있습니다. 이러한 간룡법의 일반적인 개념과 산의 체형의 변화에 따라 좋은 산을 찾는 방법, 그리고 산의 형세에 따라 구분하는 방법 등을 알려드리겠습니다.

풍수에서 기본적으로 말하길 '산이 좋으면 우수한 인재가 나고, 산이 나쁘면 우매한 인간이 난다'고 합니다. 결국 기운을 말하는 것입니다. 청초한 기운을 타고난 우수한 인재와, 그렇지 못한 기운을 가진 인재의 차이라 할 수 있습니다.

간룡법의 내용을 쉽게 정리하면 다음과 같습니다.

- 조산(祖山)부터 혈장(穴場)까지
용맥의 형태와 품질을 살펴봅니다.
조산은 용맥의 발원지이며, 혈장은 용맥이 맺힌 곳입니다.

- 용맥의 형태, 좌우 대산의 배치,
주변 산의 형세 등을 종합적으로 고려합니다.

- 양지와 음지, 명당의 방위,
수구의 모양 등을 통해 명당의 길흉을 판단합니다.

간룡법은 용맥의 흐름을 보고, 그 모양을 살피는 방법입니다. 산의 성격과 기세를 판단하게 되는데, 이때 참고해야 할 것은 주변 산세의 높이에 비해 한 치라도 높으면 산, 한 치라도 낮으면 강이라고 본다는 점입니다. 이렇게 산과 강의 구분이 명확하기에, 다른 형태에 비해 어디서부터 이어져 있는지를 알아보고그 형세와 기운의 정도가 어디까지 뻗치는지 확인하기 쉽다는 장점을 가지고 있습니다.

다만 평평한 곳에서도 용으로 취급되는 부분이 있는데, 이부분은 일반적으로 알아보기 어려워서 해석에 추가적인 내용이 부족한 경우가 가끔 생길 수 있다는 점만 참고해주시기 바랍니다.

용 모양을 기준으로 찾아보는
좋은 형태

간룡법에서 말하는 용은 산을 말씀
드리는 것이라 알려드렸습니다. 그런데 사람들이 보았을 때 용
도 전부 동일하게 생긴 용이 아닐 것입니다. 사람이 모두 동일하
게 생긴 사람이 없는 것처럼 말입니다 이에 따라 사람들은 용의
체형에 따른 유형을 구분해놓았습니다. 그 내용에 대해 각각 설명
드리겠습니다.

1) 용의 얼굴과 배 (앞과 뒤)

사람의 경우 앞과 뒤의 모습이 서로 다릅니다. 얼굴이 있는 앞
부분은 밝지만 뒤쪽은 어둡습니다. 또한, 앞에 있는 배는 부드러
운 반면, 등은 뼈가 많은 비중을 차지하고 있습니다. 용도 똑같이
앞과 뒤를 구분해야 합니다. 용의 형태에 있어 앞은 형태가 평탄
하고 안정적이며 지면에 밝은 기운을 가지고 있습니다. 보통 들판
을 향해 보고 있으며 높은 산이나 큰 강을 등지고 있습니다. 그렇
기에 포근하고 안정적인 느낌을 줍니다.

이와 반대로 용의 형태에 있어 뒤는 굴곡이 심하고 험한 바위
가 불규칙적으로 돌출해 있습니다. 땅의 형태가 울퉁불퉁하고 어

제 2장 명당을 찾아내는 학문 풍수지리

둡습니다. 험하다는 느낌이 드는 곳입니다. 산의 뒤쪽은 무너지는 기운을 받으며 앞쪽은 번성하는 기운을 받기에 무언가가 위치한 다면 산의 앞에 자리 잡는 것이 좋습니다.

2) 용의 3격

용을 볼 때는 3가지 격을 가지고 있습니다. 여기서 말하는 격은 품격을 말하는 것인데, 주인격, 보조격, 배반격으로 구분합니다. 주인격의 산은 중심적인 기운이 왕성하고 그 변화가 아름다운 모습의 혈을 말합니다. 주인 용 옆에는 항상 보조 용이 있습니다. 명당에서 주산(주룡)이 주인격에 해당합니다.

보조격의 산은 자체적인 기운이 부족하여 직접 혈을 이루어내지는 못하지만, 주변에 있는 주인 용이 혈을 맺을 수 있도록 도와주는 역할을 합니다. 명당을 향해 절을 하는 자세입니다. 공손하게 바라보고 있습니다. 좌우에 위치한 것이라 할 수 있습니다. 청룡과 백호가 이에 해당됩니다. 배반격의 산은 주인 용의 뒤에서 등을 보이고 있는 용입니다. 자신의 기운은 주산과 나누지 않으면서, 기운을 받아가기만 하는 용입니다.

3) 용의 4가지 체형

용은 흐르는 기운에 따라 네 가지로 나누어집니다. 강체, 중체,

약체, 병체가 그것입니다. 강체는 둥글게 솟아오른 형태입니다. 좌우 균형이 맞으며, 탄력있어 보이는 능선이 있습니다. 깨끗하고 깔끔하게 강한 기운의 흐름으로 혈을 이루게 됩니다.

중체는 좌우가 균형을 이루고 있지만 능선이 가파르기에 여유가 부족한 유형입니다. 그래도 깨끗한 기운을 가지고 있어서 혈을 이룰 수 있습니다. 약체는 삼각형으로 보일 정도로 경사면이 날서 있습니다. 기운은 깔끔 하지만 모이는 기운이 적어서 혈을 이루기 어렵습니다.

병체는 좌우 중심이 맞지도 않아 불안정, 불균형한 상태입니다. 땅이 갈라지고 바위가 땅과 어울리지 못하여 탁한 기운이 흐릅니다.

산의 생기를 판단하는
12가지 형세

이 밖에도 산의 세를 생기가 모이는 모습인 생, 복, 응, 읍이 있고 생기가 흩어지는 모양인 왕, 살, 귀, 겁, 유, 병, 사, 절이 있습니다. 이것들을 합쳐서 12룡이라고 불리고 있습니다. 각 형태에 따라 구분이 되는데 기운이 모여져서 명당이 생긴 4곳과 기운이 흩어져 별로 좋은게 없는 8곳으로 생각해 주시면 됩니다.

1) 생룡

생룡은 산이 뻗어나갈 수 있는 방향이 사방으로 있습니다. 맥도 흐름이 좋습니다. 높고 낮은 지점이 있고 좌우로 치고 나감과 빠짐이 잘 보입니다. 어디를 보더라도 생동감이 있는 모습입니다. 동물들이 뛰노는 모습이 자연스러워 보입니다.

2) 사룡

산의 높낮이가 구분이 안갈정도로 특징이 없으며, 흐름이 역동적이지 않고 곧고 굳은 형태입니다. 거칠어보이며 안쪽으로 겹겹이 쌓여만 있는 모습입니다. 죽은 미꾸라지 같이 생기가 없습니다.

3) 강룡

꼭대기 지점이 빛나고, 거기서부터 활발하게 지각이 뻗어나가 웅장하고 듬직해보이는 형태입니다. 형세가 걸출하니, 산을 볼 때 보이는 능선이 굵직굵직 해보입니다. 커다란 호랑이가 산에서 걸어나오듯 든든하고 다부져 보입니다.

4) 악룡

꼭대기 지점부터 힘이 없고 얇아보여서 전체적으로 늘어진 것 같아 보이는 형태입니다. 산은 높지만 실속 없는 높음입니다. 듬직하게 높은 것이 아니라 앙상하게 높은 모습이기 때문입니다. 키는 크지만 과하게 마른 사람 같다고 생각하시면 됩니다.

5) 순룡

꼭대기부터 시작된 능선 라인이 부드럽게 펼쳐져서 둥글어 보이는 형태입니다. 좌우로 둘러쌓여서 안정적인 느낌을 주며 산이 부드럽게 흐르듯이 내려옵니다.

6) 역룡

딱 보았을 때 산이 기울어지고 반대되는 방향으로 뻗어가는 형태입니다. 높고 낮음의 구분이 모호하며, 좌우로 산줄기가 존재하지도 않기에 안정적이기 보단 덩그러니 놓여진 느낌이 강합니다.

미끄럼틀을 거슬러 올라가는 것 같은 역설적인 느낌이 듭니다.

7) 진룡

가지런하고 고우며 순서가 착실하게 지켜지는 형태입니다. 봉이 두 날개를 펴고 날아오르는 듯한 모습이기도 합니다. 격식이 갖춰진 것처럼 질서 있어보이는 모습이 포인트입니다.

8) 퇴룡

산이 뾰족한 모습이며 땅이 고르지 못해 맥이 순행하지 못하고 역으로 끌려가는 듯 합니다. 이는 자연스럽게 기운을 받아서 산의 형세를 이룬 것이 아니라, 기운을 얼마 지원 받지 못하였는데, 억지로 나와진 것 같은 느낌입니다.

9) 복룡

산 자체가 수려하고 장엄한 느낌을 줍니다. 주변에 호위하고 있는 산도 많습니다. 복룡 아래에서, 또 다른 작은 산을 지원해주는 산이 많이 있습니다. 빽빽하니 산으로서는 좋지만 땅이 잘 보이지 않을 수 있습니다.

10) 병룡

본체는 아름다우나 결함이 있는 산입니다. 아름답지만 순수함이 없거나, 맥이 부서져서 기운이 제대로 흐르지 않거나, 일부는 아름답지만 다른 일부는 추악한 모습을 보입니다. 결함은 상처나 질병으로 취급됩니다.

11) 겁룡

겁룡은 산이 여러 갈래로 쪼개진 듯한 모습을 말합니다. 서로 용맥이 모이지 않아 온전하게 수습이 되기가 어렵습니다. 수습하지 못한 기운이 주변에 흐르기만 하니, 이것을 탐내는 것들이 발생할 수 있습니다.

12) 살룡

살룡은 산의 기세가 살기를 띈 채로 바뀌지 않은 상태입니다. 높은 바위와 절벽, 험준한 벽을 가지고 있습니다. 매우 거칠게 생겼습니다. 날카로운 면이 많아서 고르기도 어렵고, 한쪽으로 넘어갈 것 같은 느낌이 듭니다.

04
물의 흐름을 타고
길운을 받아내는 득수법

물이 품고 있는
좋은 기운을 담기 좋은 모양

풍수에서 중요하게 여기는 것은 역시 산과 물입니다. 풍수에서도 음양의 조화를 중시하는데 산을 음으로, 물을 양으로 취급하고 있기 때문입니다. 이때 산은 움직이지 않기에 음, 물은 움직이기에 양으로 보는 것입니다. 본 장에서는 물을 얻는 원리인 득수법에 대해 설명을 드리도록 하겠습니다.

득수란 물을 얻는다는 뜻입니다. 산의 흐름은 물을 만나면 멈추게 됩니다. 그리고 산이 멈추는 자리에는 혈이 생기게 됩니다. 그렇기에 득수가 중요한 것입니다. 음과 양이 만나는 자리에 혈이 생기는 것입니다. 애초에 물이 없는 곳은 사람이 살 곳이 못됩니다. 또한, 산이 세를 키우려면 반드시 물이 있어야 합니다. 물과 짝을 맞춘 다음에야 좋은 기운을 받을 수 있다는 뜻입니다.

때문에 물은 대지의 피라고 할 수 있으며 혈관을 통해 흐르고 있는 것이라 할 수 있습니다. 계속해서 흐르기에 없는 것은 아니지만, 가득찬 것도 아닙니다.

그런데 물이 계속 흘러가기만 하면 생기가 조화를 이룰 수 없고, 오히려 산이 가지고 있던 생기까지도 씻겨가버릴 수 있습니다. 그렇기에 구불구불하고 멀게 들어오는 것이 좋은 물의 형태라 할 수 있습니다. 득수에서 물이 흘러 들어오는 곳은 천문, 흘러 가는 곳은 지호라고 합니다. 물이 하나로 합쳐져서 나가는 부분은 수구라고 하는데, 수구는 막힌 것, 좁은 것이 가장 좋습니다.

왜냐하면 물이 흐르며 생기를 가져가게 될텐데, 출구가 좁다면 물이 천천히 나가서 생기가 남아있는 시간이 더 길어지기 때문입니다. 그렇기에 득수를 따질 때는 먼저 수구를 보고 다음 형세를 보는 것입니다. 다음 산의 모양을 살피는 등 다른 작업을 하게 됩니다.

물의 흐름으로
나누는 길하고 흉한 형태

물을 볼 때도 좋고 나쁨이 가려집니다. 이에 대해 여러 풍수사들이 기준을 나누었는데, 이것들이 비슷하면서 다른 점을 각각 가지고 있습니다. 그 중에서 물의 종류를 7가지로 구분해놓은 종류에 대해 설명을 드리도록 하겠습니다.

1) 진룡수

내수구* 근처에 합류하여 혈 앞에 이르는 것을 말합니다. 사람들이 벼슬을 하거나 이득을 얻게 합니다. 이 중에서 좌측에서 오는 물은 남자를 벼슬에 오르게 하며, 우측에서 오는 물은 여성에게 이득이 있게 합니다.

2) 승룡수

혈의 좌우에서 물이 혈 앞으로 모여 합류하는 모양입니다. 육축, 재물을 얻게 해줍니다. 그러나 물이 혈 앞을 지나서 동쪽, 북서쪽, 서쪽으로 빠지지 않으면 아무런 의미가 없어집니다.

* 내수구 : 물길이 하나로 합쳐져서 혈자리 안쪽으로 흐르는 지점

3) 수룡수

멀리서부터 산의 안쪽을 타고 흐르며 명당 근처에 와서 혈자리를 안듯이 흐르는 물입니다. 부귀함을 상징합니다.

4) 조룡수

남쪽에서 와서 혈자리 앞에 모이는데 3중, 4중, 5중으로 겹치게 모이는 물을 최고로 취급합니다. 부귀함이 오래가는 것으로 판단합니다.

5) 요룡수

혈자리 근처를 2~5중으로 둘러싸고 있는 물입니다. 물이 많을수록 좋으며 많을수록 부귀한 정도가 늘어납니다.

6) 호룡수

물이 흘러가야 하는 곳에서 갑자기 역류하여 혈자리 앞쪽에 모이는 형태입니다. 충심과 효심, 부와 명예를 모두 갖춘것으로 판단합니다.

7) 현무수

혈자리 앞쪽을 둘러싸고 흐르는 물입니다. 백가지 복을 누리는 것으로 판단됩니다.

해당 7가지 외에도 17가지, 21가지로 구분하는 기준이 있습니다. 그러나 그 기준들은 혈자리가 아니라 그냥 물을 보았을 때도 판단하는 기준이 많이 들어가있습니다.

혈자리를 기준하지 않은 상태에서 보는 방법이니, 위 7가지로 물줄기가 얼마나 좋은지 가늠해주시기 바랍니다.

좋은 물 흐름을
판단하는 기준

물을 보는 방법은 순서가 있습니다. 해당 순서에 길흉을 판단하는 기준도 있으니 이를 참고해주시기 바랍니다.

1) 물은 십이지지가 상징하는 방위 중 이로움을 가지고 있는 방위에서 부터 그렇지 않은 방위로 빠져나가는 것이 좋습니다. 이는 물이 좋은 것을 가져오고 찌꺼기를 몰고 간다는 의미입니다.

2) 물이 나가는 지점은 닫혀있는 것이 좋습니다. 물이 들어오는 부분이 좁고 나가는 부분이 넓다면 기운이 빠져나가는 형태라서 악지입니다.

3) 직류하거나 급류하는 곳의 좌우에는 혈이 맺히지 않아 명당이 없습니다. 물의 흐름이 가장 좋은 형태는 之자 처럼 원만하게 좌우로 흐르는 형태가 좋습니다.

4) 산과 물이 같은 방향으로 흐를 때는 혈이 맺히지 않습니다. 서로 반대 방향으로 흐르고 있어야 좋은 곳입니다.

5) 한 여름에도 손이 시릴 정도로 찬 물이 나오는 곳은 땅의 기운이 지나치게 강하다는 뜻입니다. 좋지 않습니다.

6) 비가 와도 물이 고였다 금방 마른다면 땅의 기운이 낭비되고 있다는 뜻입니다. 별로 좋게 취급하지 않습니다.

7) 물에서 나쁜 냄새가 나거나 폭포수가 떨어지는 곳은 흉지로 취급합니다. 깨끗하지 않고 더럽거나 물이 과하게 섞여버리는 곳이기 때문입니다.

05
바람에 섞인 생기를
간직하는 장풍범

바람을 따라
불어오는 기운을 품어내는 방법

           풍수는 자연의 생기에 강한 영향을 받습니다. 생기가 모여있는 좋은 자리가 명당이 되는 것이기에, 그러한 자리를 찾아야 합니다. 그렇다면 여기서 핵심은 생기가 어떤 방식으로 흐르고 모이는지에 대한 것이라 할 수 있습니다. 생기는 바람을 타고 흘러가게 되어 있습니다. 생기가 모이더라도 바람이 불어오면 흩어져 버리기에, 생기가 모이는 것이 문제가 아니라 생기의 움직임을 멈출 수 있어야 합니다. 즉, 바람을 잠재울 수 있어야 합니다.

  불어오는 바람은 생기를 충당시켜주는 바람이며, 나가는 바람은 생기가 흩어져버리게 하는 바람입니다. 이를 내보내지 않기 위해 바람을 잘 간직하고 있는 것. 그것을 장풍(藏風)이라고 하며,

장풍을 하는 방법을 장풍법이라고 합니다.

풍수 이론에서 장풍법은 철의 형체로 다가오는 용(산)을 요의 혈체로 받고 혈을 요의 중앙에 정하는 것이라 합니다. 혈의 사방이 산으로 둘러싸여 그 중앙에서 음양이 충돌하도록 만들어야 합니다. 이 과정에서 생기가 충만해집니다.

이렇게 말로 설명하면 다소 헷갈릴 수 있습니다. 산이 어떻게 되어 있어야 한다는 것인지 도무지 알아들을 수가 없을 것입니다. 장풍법을 시전시켜주는 산의 형태인 사신사에 대해서 설명드리는 것으로 넘어가서 장풍의 이해를 도와드리겠습니다.

바람을 품어내는
사신사의 형태

사신사는 동서남북과 중앙을 방위 삼아 배치된 주변 산세를 말합니다. 중앙은 당연히 마을의 위치를 말하는 것입니다. 이러한 마을을 기점으로 동서남북을 바라보았을 때 산세가 어떻게 되어 있는지를 보는 것이 사신사의 상태를 살피는 것이라 할 수 있습니다.

북쪽은 현무, 남쪽은 주작, 서쪽은 백호, 동쪽은 현무가 상징되고 있습니다. 해당 방향에 맞추어 사신사를 관찰하는 방법과 그것을 풍수적으로 판단하는 기준에 대해 설명 드리겠습니다. 설명을 보시며 아래 이미지를 참고해주시면 가늠이 쉬우실 것입니다.

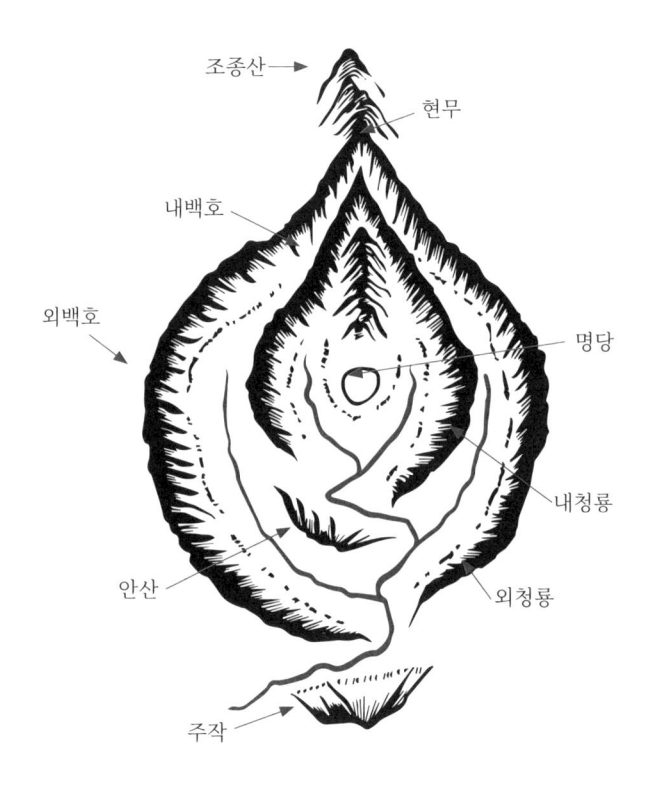

1) 현무

현무를 살피는 것은 혈의 뒤쪽으로 나있는 주산의 지세를 살피는 것입니다. 혈에 직접적으로 기운을전달하고 있어서 사신사 중에 가장 영향력이 높은 방향입니다.

현무는 한 집안이나 개인에게 특별한 능력을 만들어주는 생기를 가지고 있습니다. 스스로가 내부적으로 만들어가는 기운이기에 겉으로 드러나지 않을 수 있습니다. 바로 뒤에 있는 주산으로 기운을 보내는 태조산*까지 보면 좋지만 거리가 멀기에 자세히 볼 수 없습니다. 때문에 가까운 주산을 세심히 봅니다. 산이 세월과 역사가 없는 무근본이라면 기운을 얼마 보내줄 수 없습니다.

주산이 높으면 마을에서 귀인이 나오고, 둥글면 부를 얻게 되는데, 둘 다 해당되면 대인이 나오는 것입니다. 또한, 주산을 타고 오는 바람이 듬직할 수 있어야 합니다. 주산의 생김새에 따라 바람의 소리가 달라지는데, 흉하게 들리면 기운이 흩어지게 하는바람, 허전한 바람은 건강을 악화 시키는 등의 효과가 있습니다. 듬직한 바람이 가장 좋습니다.

2) 주작

주작은 현무와 마주보고 있는 방향에 있는 산입니다. 현무가 주인격이라면 주작은 손님격이라고 할 수 있습니다. 보조하는 역할입니다. 앞에 있는 주작의 산은 안산이라고 합니다. 안산의 형태가 안정되고힘이 있어 마치 솥을 거꾸로 엎은 모양이면, 마을에서 부자가 나옵니다.

* 태조산 : 주산 뒤에서 주산에 기운을 보내는 산. 할아버지격의 산이라 볼 수 있다.

문필봉 형태라면 관직으로 출세하는 인물이 나오게 되기도 합니다. 만약 안산의 형태가 불안하고 흉하면 흉사가 생기게 될 수 있습니다. 다른 사신사가 모두 마찬가지이지만, 안산은 반드시 있어야 합니다. 바깥쪽에 천 겹의 산이 있더라도 안산 하나만 못합니다. 또한 안산은 조산보다 높으면 안됩니다.

만약 안산이 조산보다 높아진다면, 손님이 주인보다 기가 센 상황이 나와서 좋지 못합니다. 안산은 낮고 아담하니 동산 같아 보이는 형태가 가장 좋습니다. 그렇다고 안산이 허전하니 너무 없어보여도 안됩니다. 생긴 것은 든든하고 다부지게 있되, 높이만 과하지 않게 생긴 산이 가장 좋습니다.

3) 백호

백호에서 발생하는 생기는 재산 그리고 여성에 대한 기운입니다. 그렇기에 백호의 기운이 강한 곳에서는 부자가 나올 수 있으며 훌륭한 여성이 많이 배출됩니다. 백호가 가지고 있는 여성에 대한 기운은 성격이나 행동을 예상할 수 있게해줍니다. 백호의 지세가 유순하고 원만해보이면, 예의 바르고 얌전한 성격의 여성이 나옵니다. 같은 의미로 백호가 등을 돌리고 있으면, 여성이 마을 혹은 가족을 떠나게 될 수 있다는 것을 의미합니다.

4) 청룡

청룡에서 발생하는 생기는 자손의 번영, 리더십의 기운, 재산의 번영을 의미합니다. 청룡의 기운 범위 내에서는 사람들의 건강 상태가 좋으며, 자손 중 남자의 힘, 자신감, 직장 등에 대해서 도움이 되는 좋은 생기를 얻게 됩니다.

청룡은 둥근 원을 그리듯이 꿈틀꿈틀 뻗어나가는 형태로 혈을 감싸야 좋은 것입니다. 이때 해당 역할을 할 수 있는 것은 산줄기가 아니라 물줄기도 가능합니다. 물론 물줄기로 교체가 되었어도, 부드럽게 보듬어줄 수 있어야 합니다.

청룡은 자손에 대해 판단하는 기준입니다. 청룡을 3등분 했을 때 어깨 부분을 큰아들, 중간 부분은 둘째아들, 끝부분은 막내아들을 의미합니다. 청룡의 어느 부분에 힘이 뭉쳐있는지 확인하는 것으로 누가 가장 장성할지를 예상할 수 있습니다.

청룡의 산세가 강건하면 날로 발전하는 남자들을 많이 배출하게 되고, 청룡의 산세가 약해지면 병으로 고생하는 남자들이 많아진다는 것도 특징입니다.

인문 환경에 따라 달라지는
장풍 입지론

사신사가 장풍법의 공식에 맞추어 갖추어진 구조는, 도시와 자연이 조화를 이루고 있는 형태를 만들어줍니다. 인문적 환경이 잘 나올 수 있도록, 배치된 것이라 할 수 있습니다. 이것은 생활의 편리함 뿐만 아니라 경관의 수려함과 아울러 심리적 안정감을 거주자에게 부여할 수 있습니다. 또한, 도시 전체에 안정감을 부여하여 인공적으로 맞추어 놓은 질서가 아니라, 자연적인 질서감이 생기게 해줍니다. 이렇게 만들어진 질서는 유기적이고 생동적인 자연의 질서에 비중을 둔 것이기에 지속도 길고, 생태학, 환경론적으로 적합한 질서입니다. 조금 더 현실적으로 설명을 드리겠습니다. 장풍은 지형 자체가 분지의 구조를 띄게 하여 공간을 폐쇄 시키기에, 방어를 유리하게 하고 도시 내부의 정체성을 높여주고 기후적 조건을 양호하게 만들어줍니다.

다만 지형을 둘러싸고 있는 산 때문에 교통 같은 접근성은 제한되는 편입니다. 그래도 이런 점은 앞에 흐르는 물길을 통해 어느정도 커버할 수 있습니다. 따라서 장풍법에 의하면 사신사에 의해 호위 받고 있는 명당은 주거지를 살펴보는 풍수 이론에서 매우 유용하게 쓰입니다. 주위가 개방되어 있지 않아 안정감을 부여해주며, 차고 강한 바람이 높은 곳에서 불어오는 것을 막을 수 있습니다.

06
사람의 혈자리를
대입하는 정혈법

사람의 혈자리 이론을
대입하는 방법

혈은 풍수에서 가장 중점으로 잡는 핵심 장소입니다. 무덤을 잡을 때도 좋은 음택을 골라 그곳에서 편안함을 얻을 수 있는 곳으로 취급되며, 양택 기준에서도 살기 좋은 자리라고 할 수 있습니다. 이러한 혈을 찾는 것은 사람의 부위를 빌려서 설명하는 것과 같기에 산을보는 법은 사람을 보는 법과 같다는 주장이 있으니 이것이 정혈법입니다. 의사가 사람의 병을 고치려 할 때 정확한 혈자리에 놓아야 하듯이, 산에서도 정확한 혈자리를 노릴 수 있다는 의미입니다.

풍수에서 이러한 정혈이 중요한 이유는 앞서 언급 드렸던 것처럼 인체의 경혈*과 풍수에서 말하는 혈이 같기 때문입니다.

* 경혈 : 한의학을 기준으로 인체에서 침을 놓는 혈자리

제 2장 명당을 찾아내는 학문 풍수지리

경혈을 잘 못 알아서 사람에게 피해를 주는 혈에 침을 놓는 것처럼 땅의 기운이 모이는 자리를 찾지 못하고 다른 곳에 정혈을 하게 되면 그 주변의 좋은 기운이·흩어져 버리고 안좋은 기운만 남게 될 수 있습니다. 즉, 정혈법은 사람의 혈자리를 짚는 이론을 산에 맞추어 혈자리를 찾아 쓰는 방법이라 할 수 있습니다.

정혈법을 기준으로 보는 혈자리의 모양

혈의 형태는 그 수를 헤아릴 수 없을 정도로 다양합니다. 마치 사람의 몸과 얼굴이 모두 다른 모습인 것처럼 혈의 모습도 제각각인 것이라 할 수 있습니다. 그런데 이렇게 다른 형태 중에서도 기준이 되는 것이 있는데, 한의학에서 사람을 체형으로 구분하는 사상이 바로 그것입니다. 태양인, 소양인, 소음인, 태음인이라는 4가지 종류로 나누는 것인데, 이처럼 풍수지리에서도 와혈, 겸혈, 유혈, 돌혈이라고 합니다.

혈의 모양은 지형의 요철 모양을 기준으로 음양으로 구분하게 됩니다. 용맥이 오목하게 들어간 요 부분은 양, 움푹하게 나와있는 철 부분은 음으로 취급합니다. 즉 풍수에서는 땅의 높은 곳을 음이라 하고 낮은 곳을 양이라 한다는 뜻입니다. 일반적인 역학에서 말하는 음양 분류와는 의미가 정반대인 듯하지만, 이는 풍수가 우주 만물이 아닌 하늘과 땅을 기준으로 하고 있기 때문입니다. 이에 따라 유와 돌은 음혈이 되고, 겸과 와는 양혈이 됩니다. 각 형태와 특징에 대해서도 설명을 드리도록 하겠습니다.

1) 와혈(窩穴)

와혈은 소쿠리라고도 불립니다. 그 이유는 혈자리가 소쿠리 안에 쏘옥 담겨져 있는 것처럼 생겼으며, 그 주변도 소쿠리 같이 생겼기 때문입니다. 이 모양이 하늘을 향해 입을 벌리고 있는 것 같아서 개구혈이라고 불리기도 하며,  손바닥을 오목하게 하고 있는 모양 같다 하여 장심혈이라고도 합니다. 사상 중 태양에 속하는 와혈은 대부분 높은 산에서 발견됩니다. 그래야 안으로 움푹 들어간 부분이 나올 수 있기 때문입니다. 이 밖에도 평지에서도 발견되는데, 평지의 것이 조금 더 안정적인 형태를 띠고 있습니다.

와혈의 형태로 중요한 것은 양팔이 감싸 안은 것이 고르게 생겨야 하며 혈 내로 모이는 모습이 자연스러워야 한다는 점입니다. 만약 좌우가 틀어져 있거나 크기가 다르면 좋지 않습니다. 또한 오목하게 들어가 있는 안쪽은 잔가지나 튀어나온 바위가 없이 깨끗하고 둥근 모양일 때 가장 좋습니다. 와혈은 쑤욱 들어가있는 안쪽 부분의 형태에 따라 다시 4가지로 나뉩니다. 이를 구분하는 기준은 안쪽 부분이 깊은지, 낮은지, 넓은지, 좁은지에 따라 심와, 천와, 활와, 협와로 나뉩니다. 종류에 따라 의미가 달라지지는 않으니 참고해주시기 바랍니다.

2) 겸혈(鉗穴)

겸혈은 안쪽에 위치한 혈지로 이어지는 두 개의 산줄기가 있습니다. 이 때문에 겸혈은 양 다리를 벌리고 있다거나 다리나 손가락이 중간에 물건을 짚  고 있는 듯한 모양이라는 뜻으로 개각혈 등 여러 명칭으로 불립니다. 겸혈은 혈지가 볼록하고 통통해야 합니다. 그 주변에 두 개의 산줄기가 있는 모양인 것입니다. 겸혈은 소양에 속하는 혈자리로 그 모양이 과거에 죄인의 목에 씌우던 칼처럼 생겼다고 하여 겸혈이라는 이름이 붙은 것이라 합니다.

겸혈의 혈지 근처는 오목하게 들어가 있는데 혈지 지점은 오목한 안쪽에서도 살짝 불룩하게 올라와 있는 곳에 있습니다. 주변에 날개 같은 위치에 있는 산 혹은 언덕보다는 낮아서 바람을 자연스럽게 흘리기에 좋습니다. 게다가 혈 앞은 낮아서 물길이 흐를 수 있게 되어 있으면 아주 좋은 자리가 됩니다.

검혈도 와혈처럼 5가지 종류로 나뉩니다. 직겸, 곡겸, 장겸, 단겸, 쌍겸이 이에 해당합니다. 직겸은 좌우로 뻗어나와 있는 두 개의 산줄기가 일자로 똑바르게 자란 것을 말합니다. 원래 뻗어나간 두 개의 산줄기가 분지를 안듯이 감싸야지 좋은 모양인데 산줄기들이 곧게 자라고 있기에 좋은 형태라고 할 수는 없습니다.

따라서 최대한 덜 나쁜 모양이 나오려면 뻗어나간 산줄기가 길지 않고 짧아서 본체에 가까이 있어야 합니다. 곡겸은 좌우로 뻗은 산줄기 즉, 혈자리의 다리가 활처럼 휘어서 몸체를 감싸고 있는 형태의 겸혈입니다. 다리의 휘어짐이 마치 소의 뿔이 연상되었다면 최상의 형태라고 할 수 있습니다. 이때 가장 높은 곳인 정상이 둥글게 단정한 모양이 아니라면 좋지 않은 형태라고 해석됩니다.

장겸은 좌우로 뻗은 다리들이 모두 길게 뻗어 나가져 있는 형태를 말합니다. 다리가 뻣뻣하지 않고 자연스럽게 휘어져 있으면 의미도 좋고 보기에도 좋은 상태라고 할 수 있습니다. 단겸은 양다리가 모두 짧은 형태를 말합니다. 지나치게 짧은 다리는 혈을 감싸서 보호하지 못하므로 좋다고 할 수 없는 형태입니다.

쌍겸은 양 다리에서 추가적으로 뻗어나온 산줄기가 있는 형태를 말합니다. 이렇게 자라나온 산줄기는 서로 맞물려 있는 형태가 좋은데 만약 맞물려있지 않다면 생기가 모이지 않게 되어 좋은 기운을 모으기 어려워 집니다.

3) 유혈(乳穴)

유혈은 여인의 유방 같은 모양이라고 하여 '유혈'이라는 이름이 붙은 용맥입니다. 유혈은 팔처럼 뻗어나온 두 개의 산줄기가 있으며 그 사이에 혈지가 들어있습니다. 유혈은 소음에 속하는 용맥으로 평지, 산 등을 가리지 않고 가장 많이 나타나는 유형입니다. 모양은 지면에서 약간 불룩하게 돌출되어 있기에 바람에 노출되어 있는 형태라고 할 수 있습니다.

혈지가 바람에 노출되어 있을 경우 흉한 기운에 영향을 받을 수 있기에 혈지를 바람으로부터 지켜줄 수 있는 보호용 산맥이 주변에 있어야 합니다. 유혈도 혈지의 형태에 따라 여러 가지 유형으로 구분될 수 있습니다. 크고 작음, 길고 짧음, 두개와 세개를 기준으로 하고 있는 유혈 유형에 대해서도 설명 드리겠습니다. 혈지가 크다면 대유라고 불립니다. 대유는 양 쪽으로 뻗어 팔처럼 보이는 산줄기의 중간에 유방처럼 있는 혈지가 커다랗게 자리하고 있는 형태입니다.

혈지가 너무 큰 것은 좋지 않은데 크기가 과하게 크면 외부 마찰이 일어날 수 있는 범위도 크다는 뜻이기 때문이며, 크기 때문에 한쪽으로 기울어진 것 같은 모습이 되면 작으니만 못한 상황이 생긴다고 할 수 있습니다. 양 팔 중간에 혈지가 작게 자리하고 있는 것은 소유라고 합니다.

크기가 작으면 과하게 흔들리거나 처지는 듯한 느낌이 들지 않기에 기운이 치우치는 일을 걱정하지 않아도 되긴 하지만 크기가 너무 작으면 기운 자체가 미약한 것이라고 해석됩니다. 또한, 양쪽 팔의 크기와 균형이 맞지 않아 팔에 의해 압박 받고 있는 것처럼 보이기도 합니다.

그래도 앞서 말씀 드린 것처럼 양 쪽에 산줄기가 혈지를 감싼다고 가정했을 때 혈지가 기울거나 치우치는 것처럼 보이지 않을 정도만 된다면 충분히 좋은 형태라고 할 수 있습니다. 마치 유방이 늘어진 것처럼 혈지가 길게 늘어나 있다면 그것은 장유라는 형태입니다. 장유는 대유처럼 면적 자체는 넓기에 품고 있는 기운 자체는 많을 수 있지만 과하게 긴 길이는 용맥의 활동을 방해할 수 있기에 마냥 좋은 형태라고 할 수는 없습니다.

　장유의 형태를 보완하기 위해서는 양 쪽에 팔처럼 뻗어있는 산줄기가 혈지를 감싸 안아 혈지가 기울어지거나 균형을 잃는 것을 막아주는 형태가 있어야 합니다. 장유와는 반대로 중간에 있는 혈지가 짧은 형태를 단유라고 합니다. 단유는 과하게 짧은 혈지의 크기 때문에 충분한 힘과 기운을 가지고 있지 못할 수 있습니다. 이러한 단유는 물을 비롯한 수 기운과의 접촉을 최대한 피할 필요가 있다고 할 수 있습니다.

　만약 양 팔처럼 보이는 공간 안에 두개의 혈지가 있다면 그것은 쌍유의 형태라고 할 수 있습니다. 쌍유는 다른 것들과 달리 두개의 혈지를 가지고 있는데 이 때문에 한 쌍의 유방이라고 불리기도 합니다.

　쌍유는 두 혈지의 크기와 길이가 같을수록 좋으며 그 주변에 산들은 웅장하고 거대할수록, 가슴을 보호하는 느낌이 들수록 좋다고 할 수 있습니다. 쌍유의 형태에서 유방이 한 개 더 늘어나면 삼수유의 형태가 됩니다. 삼수유 역시 각 혈지의 크기, 길이, 넓이 등이 비슷할수록 좋습니다.

4) 돌혈(突穴)

돌혈은 일반적인 땅의 형태에서 툭
튀어나온 부분을 말합니다. 때문에 한
자로 평지돌출(平地突出)이라고도 합
니다. 산줄기를 따라 내려오다가 혈지
부분에서 달랑 솟아오른 형태인 돌혈의
모양 때문에 닭의 입, 거위 알, 용의 구

슬 같다는 말도 듣곤 합니다. 또한, 솥을 엎어놓은 듯 볼록하게 생
긴 형태인데 유혈에 비해 혈장이 짧고 높은 편이라서 태음에 속하
는 것도 있습니다.

돌혈은 높은 산에도 있지만 낮은 평지에도 많이 있습니다. 평
지보다 약간만 높은 편이어도 돌로 취급을 하기 때문입니다. 높은
산에 있는 돌혈이나 낮은 평지에 있는 돌혈이나 그 효과에는 영향
을 주지 않으며 평지에 있는 돌혈이 길한 기운을 더 많이 가지고
있던 적이 많은 편입니다. 다른 혈들이 모두 그러하듯 돌혈도 바
람을 맞게 되면 생기가 흩어지게 되기 때문에 감싸지고 보호받아
야 하는데 혈지 주변의 땅은 혈지를 기준으로 삐죽삐죽하게 올라
와 있기에 약간의 바람을 막아주는 것이 가능합니다. 그런데 돌혈
은 혈지가 툭 튀어나와 있는 모습이라 일반적인 산은 바람을 막
아주기가 어렵습니다. 때문에 좋은 돌혈의 형태가 되려면 양 옆에

있는 산을 비롯해서 앞 뒤 등 주변에 있는 산들도 똑같이 높아야 합니다. 이러한 형태 때문에 좋은 돌혈 자리에 가보면 높다는 생각이 잘 들지 않을 수 있는데 이는 산들이 돌혈과 비슷한 높이까지 자랐기 때문에 겹겹이 쌓여있는 돌혈 특성 상 안정적인 느낌이 들기 때문입니다.

돌혈은 산지에 있느냐 평지에 있느냐에 따라 산곡돌과 평지돌로 나누어집니다. 이렇게 나눠진 종류는 혈지의 형태에 따라 대돌, 소돌, 쌍돌로 나누어집니다. 이에 대해 하나씩 설명 드리겠습니다. 대돌은 혈지가 높이 있는 동시에 크기도 큰 것을 의미합니다. 혈지가 과하게 높고 크게 되면 바람으로부터 받는 위협이 강해질 수 있기에 너무 큰 것은 좋은 형태라고 할 수 없습니다. 때문에 적당하게 크고 형태가 온전한것이 좋은 형태라고 할 수 있습니다. 소돌은 아주 작게 튀어나온 혈을 말합니다. 이러한 소돌의 형태는 평야에 있든 높은 산에 있는 그다지 좋지 않은데 적당히 작아서 보기 좋고 부드러워 보이는 모양의 혈지까지는 좋다만 너무 작아서 높이를 구분하기도 어려울 정도가 되면 기운이 충분히 모이지 않아 힘이 없는 혈지가 될 수 있습니다. 쌍돌은 혈지가 두 개인 형태입니다. 마치 유혈의 쌍유 같은 것이라 생각하시면 됩니다. 양 혈지가 모두 크기와 높낮이, 넓이가 균일하며 표면이 바른 것이 좋은 쌍돌의 형태입니다.

07
좋은 묫자리를 알아보는
풍수지리 활용법

그럼 지금까지 설명 드린 풍수지리의 방식에 의거하여 파묘를 하게 되는 상황에 대한 예시를 말씀 드리겠습니다. 일단 기본적으로 파묘를 해야 하는 상황에 대해 설명을 드리겠습니다. 파묘는 말 그대로 묘를 파내는 것을 말하는데, 이후 묘를 이장하거나 화장하기 위해 파내는 것입니다.

이렇게 조치를 취하는 이유는 시신이나 관, 무덤에 손상이 생길 우려가 있거나, 선조가 원하는 것이나 불편한 것이 있어 자손들에게 신호를 주기 때문에 이를 해결하기 위함입니다. 보편적인 이유를 보면 자연적인 문제가 있습니다. 땅에 습기가 차서 시신에 문제를 주거나, 나무 뿌리가 길게 자라 관과 충돌하게 되는 것이 그 이유입니다.

관에 물이 차게 되면 시신이 썩지를 않습니다. 그렇기에 습기는 무조건 피해야 합니다. 처음부터 묫자리를 볼 때 수맥, 물줄기를 피해야 하는 이유가 그것입니다. 그런데, 처음부터 묫자리를 잘못 골랐거나 수맥이 바뀌었을 경우에 파묘가 필요한 것입니다.

여기서 물줄기에 대한 풍수 이론인 득수법을 생각해보겠습니다. 애초에 득수법은 물이 평균보다 아래에서 흘러야 한다고 하였습니다. 때문에 산을 타고 내려가는 물줄기가 있다면 그 근처에는 명당이 없다는 뜻이 됩니다. 무덤가를 잡을 때는 물 줄기가 아예 아래에 있어야 하며, 해당 물줄기의 시작이 멀리서부터 시작한 것일수록 좋습니다.

이번엔 산의 형세를 보겠습니다. 절대 피해야 할 산의 형태가 다섯 가지 있습니다. 초목이 자라지 않는 산, 무너지고 구덩이가 있는 등 맥이 이어지지 않는 산, 흙 없이 암석으로만 이루어진 산, 멈출 수 있는 평지 없이 비탈만 있는 산, 섬처럼 혼자 우뚝 떨어져 있는 산이 이에 해당됩니다. 이런 산에 매장하면 후손에게 재앙이 나타나고 이미 받은 복도 소멸됩니다.

이를 반대로 하면 좋은 산의 특징이 되는데, 웅장하면서 신비한 위용을 갖추고 있는산, 산맥의 안쪽면이 굴곡과 기복이 반복되며 생동감이 있는 산이 좋습니다.

만약 여기에 조금 해당 산을 바라보는 약간 부족한 산이 있으면 매우 좋습니다. 부족한 산이 해당 산에게 기운을 전달하며 조화를 맞춰주기 때문입니다. 산을 볼 때 묘가 위치한 산 외에 좌우에 있는 백호, 청룡 산도 잘 봐야 합니다. 묘가 위치한 산을 기준으로 좌우에 있는 산들이, 자연스레 묫자리가 위치한 산을 감싸듯이 있으면 좋습니다. 바람을 막아주기 때문입니다.

만약 묘가 있는 산에서 양 옆의 산을 보았는데, 그 너머에 있는 들판이나 강 등이 보이면 좋지 않습니다. 바람을 막아주는 장풍이 전혀 되지 않는다는 뜻이기 때문입니다.

참고로 왼쪽에 있는 청룡 산의 형태가 좋으면 장손을 비롯한 남성의 사업운, 수명 등이 좋아지게 될 것이며, 오른쪽에 있는 백호 산의 형태가 좋으면 딸, 며느리 등 여성의 재물과 외모가 아주 좋아질 것입니다.

제 3장

기운에 변화를 주는 학문
주청학

01
아홉 방위로
운명을 풀이하는 구성학

삼라만상의 변화를
대입하는 운명학

누구나 앞으로 자신에 어떤 일이 생기게 될지 궁금할 것입니다. 이는 아무도 알 수 없는 것이며, 자신이 직접 몸으로 겪게 될 일이기 때문입니다.

자신이 앞으로 어떤 일을 겪게 될지 모르기에 불안한 것이고, 불안감을 해소하기 위해 앞으로 벌어지게 될 일에 대해 궁금해하는 것입니다. 앞으로 생길 일을 알게 되면 그것에 대해 대비를 하는 것으로 불안감을 해소하는 것이 가능하기 때문입니다. 그렇기 때문에 사주, 타로 등 운명을 읽는 운명학에 관심을 가지게 되는 것은 충분히 가능한 일이라는 뜻입니다.

그러한 운명학 중에 하나로 별의 흐름을 읽고 시기를 읽는 점성학이 있습니다. 그리고 이러한 점성학의 일종으로 운명을 읽는 학문인 구성학에 대해 소개를 드리고자 합니다.

구성(九星)은 하늘에 있는 별자리들의 움직임이 삼라만상의 변화를 가져오는 것에 대한 이야기입니다. 별자리의 움직임에 의한 변화를 사람에게 적용 시켜서 인간의 생로병사와 길흉화복을 탐구하는 학문이라 할 수 있습니다. 아홉 개의 별을 활용하며 해당 별이 들어가기 될 자리인 구궁을 중점으로 합니다. 이를 정하는 기준은 생년월일을 활용합니다.

이를 통해 인간이 타고난 운명, 현실에 당면한 문제를 어떻게 헤쳐나갈 것인지, 앞으로 어떻게 해야 할지에 대해 생각할 수 있게 됩니다. 이 밖에도 개인적인 문제라 할 수 있는 직장, 이사, 법, 재산에 대한 고민도 모두 구성학에 대입하여 생각해볼 수 있는 시간을 가지게 될 수 있습니다.

이렇게 앞으로 일어날 일과 현 상황에 대해 개운하는 방법을 알아내고 그것을 잡아쥘 수 있는 방향을 생각할 수 있는 기회를 얻는 것으로, 보다 나은 생활을 찾아갈 수 있게 됩니다.

동양철학 중
구성학을 이루는 이론

구성학도 역학 중 하나이기에 역학의 주요 원리를 기본으로 하고 있습니다. 우선 역학에서 시작된 원리에 대해 설명을 드리겠습니다. 일단 짚고 넘어가야 하는 것은 무극, 태극, 음양오행입니다. 존재하는 모든 것을 이루고 있는 기준을 음양과 오행이라 하는데, 그것을 움직이게 하는 것은 무극과 태극입니다.

무극은 우주의 시작지점부터 살펴야 합니다. 태초에 아무것도 없던 혼돈의 시절. 아무것도 존재하지 않는 그 바탕을 무극이라고 합니다. 지금도 우주의 바탕으로 이루는 것을 말하며 무한(無限)을 의미하는 우주의 성질을 가지고 있기에 끝 없이 이어지는 공간, 시간 등을 말합니다. 무극의 의미는 중요하지 않으니 그냥 태초의 시작이라고 보시면 됩니다.

다음은 태극입니다. 태극은 무극을 기초로 하여 음양운동을 일으키는 주체입니다. 우주에서 반응, 작용이 일어나게 하는 개념인데, 어둠이 있으면 빛이 있고, 무거운 것이 있다면 가벼운 것도 있는 등 서로 상반된 것들이 존재하게 되는 것 자체가 태극이 시전하는 행위입니다. 또한, 이때 나누어지는 서로 상반된 두 개의 기운. 그것이 음양을 의미하는 것입니다. 다만 시간이 흘러 추가적인 의미가 더 붙어 있다는 점을 참고하셔서 해석을 진행하시는걸 추천드립니다.

이후에 나오는 것이 오행입니다. 태극이 음양을 나누는 운동을 끊임 없이 반복하면서 오행의 움직임이 발생하게 됩니다. 이때 존재하는 오행은 목, 화, 토, 금, 수의 기운입니다. 이러한 음양과 오행의 기운 특징을 비록하여 구성학을 배우기 위해 필요한 이론은 곧바로 설명 드릴 것이기에 다음 장을 참고해주시길 부탁드리겠습니다.

구성학에서 활용되는 조화와
충돌의 조합

구성학도 역학 중 하나이기에 역학의 주요 원리를 기본으로 하고 있습니다. 우선 역학에서 시작된 원리에 대해 설명을 드리겠습니다. 일단 짚고 넘어가야 하는 것은 무극, 태극, 음양오행입니다. 존재하는 모든 것을 이루고 있는 기준을 음양과 오행이라 하는데, 그것을 움직이게 하는 것은 무극과 태극입니다. 무극은 우주의 시작지점부터 살펴야 합니다. 태초에 아무것도 없던 혼돈의 시절. 아무것도 존재하지 않는 그 바탕을 무극이라고 합니다. 지금도 우주의 바탕으로 이루는 것을 말하며 무한(無限)을 의미하는 우주의 성질을 가지고 있기에 끝 없이 이어지는 공간, 시간 등을 말합니다. 무극의 의미는 중요하지 않으니 그냥 태초의 시작이라고 보시면 됩니다.

다음은 태극입니다. 태극은 무극을 기초로 하여 음양운동을 일으키는 주체입니다. 우주에서 반응, 작용이 일어나게 하는 개념인데, 어둠이 있으면 빛이 있고, 무거운 것이 있다면 가벼운 것도 있는 등 서로 상반된 것들이 존재하게 되는 것 자체가 태극이 시전하는 행위입니다.

제 3장 기운에 변화를 주는 학문 구성학

02
태어난 시점을 기준으로 만들어지는 4개의 명반

구성학 활용의 기준이 되는 생년 기준 명반. 본명성

구성학을 시행하는 방법에 대해 본격적으로 설명 드리도록 하겠습니다. 사주팔자에서는 팔자를 뽑아내고, 타로에서는 카드를 뽑듯이 구성학을 볼 때도 구성학 공식으로 풀어낸 무언가가 있어야 합니다. 그것을 구성명반이라고 합니다. 구성명반은 사각형이 3X3 형태로 총 9개가 붙어서 큰 사각형을 이루고 있는 모습입니다. 이러한 구성명반은 태어난 년도, 월, 일, 시에 따라 하나씩 존재하기에 총 4개를 만들게 됩니다.

운명을 보는 사람이 어떤 궁금증을 가지고 있느냐에 따라, 혹은 전체적인 운세를 볼 것이냐 등 여러 이유에 따라 활용하는 구성명반의 종류가 다릅니다. 먼저 태어난 년도를 기준으로 명반을 만드는 방법을 알려드리겠습니다. 이렇게 태어난 년도를 기준으로 하는 명반을 본명성이라고 합니다. 연기성이라고도 합니다. 이를 표기할 때 9개의 사각형 마다 하나의 숫자를 표시할 것인데, 1부터 9까지의 숫자를 이용할 것입니다.

본명성을 계산할 때는 태어난 년도의 십과 일의 자리에 있는 두 숫자를 사용해야 합니다. 만약 1998년생이면 9와 8을 이용하는 것이고 1972년생이면 7과 2, 2005년 생이면 0과 5를 이용하는 것입니다. 이렇게 두 개의 숫자가 준비되었으면, 이것을 더해주어야 합니다. 9+8=17, 7+2=9, 0+5=5 이렇게 말입니다. 이때 9+8처럼 더한 값이 10 이상의 숫자가 나올 경우, 다시 두 숫자를 더해줍니다. 1+7=8 이렇게 나오게 된다는 뜻입니다.

이렇게 하나의 숫자가 준비되었다면 이제 빼기를 할 것입니다. 00년 전에 태어나신 분들은 10에서 준비된 숫자를 빼시고, 00년부터는 9에서 준비된 숫자를 빼면 됩니다.

1998년 생인 사람은 10에서 빼는 것이니 10-8을 하는 것입니다. 이렇게 되면 2가 나오는데, 1998년 생의 본명성은 2가 되는 것입니다. 같은 방식으로 05년생의 본명성은 4, 72년생의 본명성은 1이 되는 것입니다. 본명성으로 정해지는 상수마다 각각 특징을 가지고 있습니다. 이 특징에 대해 몇 가지 짚어드리겠습니다.

1) 1본명성

- 지혜가 뛰어나 머리 회전이 빠르다

- 마음의 깊이가 있어 심중이 깊다

- 재치가 있고 매사 일처리가 빠르다

- 상대방의 마음을 빠르게 이해 해준다

- 내실에 충실하고 실리는 추구한다

- 재능이 뛰어나며 사교에 유연하다

2) 2본명성

- 부지런하고 예의 바르며 성실하다

- 현실에 맞게 무리 없는 시도를 한다

- 어려움에 처하면 융통성이 없어진다

- 오래 지내게 되면 지루함을 느낀다

- 얌전하고 질서를 지키려 한다

- 매사에 심사숙고하며 차분하게 성장 시킨다

3) 3본명성

- 개성적이고 권위적이다

- 이기적이고 저돌적이다

- 학술, 예술 등 지적 능력이 뛰어나다

- 적극적이다

- 질투가 강하다

- 이상이 높고 자존심이 강하다

- 예민한 감각을 가지고 있다.

4) 4본명성

- 활기차게 행동한다

- 사교적이며 계산적이다

- 공과 사의 구분이 분명하다

- 상술에 능하다

- 동업적인 기술에 능통하다

- 경쟁의식이 많다

- 협력적이고 사교적이다

5) 5본명성

- 우두머리 기질을 가지고 있다

- 개성이 강하다

- 목표를 정하면 꿋꿋이 밀고 나간다

- 스케일이 크다

- 자기 마음대로 행동하려 한다

- 힘차고 배짱이 좋다

- 마음에 들지 않으면 타협심이 부족하다

제 3장 기운에 변화를 주는 학문 구성학

6) 6본명성

- 상대의 입장을 잘 이해해준다

- 개성이 강하다

- 작은 일보다 큰 일을 더 선호한다

- 투쟁심이 강하다

- 평소에는 상대를 이해하지만, 갈등 상황시 양보하지 않는다.

- 목적을 향한 실천력이 강하다

7) 7본명성

- 경제적인 감각이 뛰어나다

- 실리를 추구한다

- 틀에 맞는 이치에 철저하다

- 심지가 강경하다

- 겉과 속이 다른 이중적인 성격이 표출된다

- 매사에 심사숙고하여 판단한다

- 부지런하며 성격이 밝고 명랑하다

8) 8본명성

- 느긋하게 일을 처리한다

- 모든 일에 심사숙고한다

- 상황에 따라 변화를 잘한다

- 역경에 처하면 헤어날 길을 찾지 못하고 헤맨다
- 냉정한 판단력을 가지고 있다

9) 9본명성

- 다재다능하다
- 성격이 밝으나 급하다
- 기회를 잘 포착하여 성공으로 만든다
- 자기 주장이 강하다
- 급한 성격에 프라이드가 강해서 갈등이 잦다

12절기 시간을 기준으로 구하는 명반. 월명성

다음은 태어난 월을 기준으로 만드는 구성명반에 대해 설명드리겠습니다. 태어난 월을 기준으로 하는 것은 월명성이라고 합니다. 월명성을 알아보기 위해서는 자신이 태어난 해의 지지를 알아야 합니다. 예를 들어 자신이 08년에 태어났다면 무자년이기에 '자'가 지지인 것입니다.

만약 자신이 태어난 해의 간지(천간과 지지가 한 글자씩 합쳐진 형태)가 무엇인지 모르겠다면 인터넷에 태어난 해를 검색하는 것으로 손 쉽게 알 수 있습니다. 자신이 태어난 에 따라 명반에 채워넣는 숫자가 달라집니다.

자오묘유 / 진술축미 / 인신사해 가 기준입니다. 이중에서 어떤 지지를 가지고 있는지에 따라 명반에 입히는 숫자의 순서가 달라집니다. 자오묘유는 8, 진술축미는 5, 인신사해는 2부터 시작합니다. 단 여기서 중요한 것은 월명성의 숫자 입력 순서는 역행한다는 뜻입니다. 자오묘유의 경우 876543219의 순서대로 입힌다는 뜻입니다. 이를 보기 쉽도록 표 형식으로 보여드리겠습니다.

/	인	묘	진	사	오	미	신	유	술	해	자	축
자	8	7	6	5	4	3	2	1	9	8	7	6
진	5	4	3	2	1	9	8	7	6	5	4	3
인	2	1	9	8	7	6	5	4	3	2	1	9

해당 표에서 자신이 태어난 년의 유형을 세로에서 찾고 가로에서 태어난 월을 찾으면 그것이 월명성입니다. 그것을 아홉개의 사각형 중 중앙에 놓으면 됩니다.

이때 태어난 월은 음력을 기준으로 한다는 것을 기억하셔야 하며, 월의 진행은 절입일을 기준으로 합니다.

절입일은 입춘, 경칩, 청명, 입하, 망종, 소서, 입추, 백로, 한로, 입동, 대설, 소한입니다. 매년 날짜가 조금씩 다르니 참고하시기 바랍니다.

제 3장 기운에 변화를 주는 학문 구성학

태어난 일을 기준으로 만들어내는 명반.
일명성

다음은 일명성입니다. 태어난 날을 기준으로 잡는 방식을 말합니다. 앞서 월명성을 구할 때도 그리하였듯, 음력을 기준으로 하고 있습니다. 일명성을 구할 때는 자신의 숫자가 순행하는지, 역행하는지를 구해야 합니다. 이를 구하는 것은 동지와 하지를 기점으로 합니다. 동지 전후부터 하지 전후까지에 속해있다면 순행할 것이고, 하지 전후부터 동지 전후까지 있으면 역행할 것입니다.

매년 각 절기 일이 달라지기에 정확히 언제라고 말씀 드리기는 어렵습니다. 다만 하지와 동지일의 간지를 보면, 근처에 계해일이 있을 것이며 그 다음 갑자일이 올 것입니다. 거기서 찾으신 갑자가 카운트를 시작하는 지점입니다. 자신이 순행이라면 1부터, 역행이라면 9부터 거꾸로 세시면 됩니다. 자신의 음력 생일이 나올 때까지 숫자를 세어 숫자 몇이 오는지 확인하시면 됩니다.

생일이 언제인지에 따라 매우 오래 걸릴 수 있는 작업입니다. 때문에 요즘은 많은 분들이 인터넷에서 구할 수 있는 '구성력 확인' 혹은 '일명성 조견표' 등을 참고하여 확인하고 있으니 참고하시기 바랍니다.

태어난 시간을 숫자화 하여 만든 명반.
시명성

　　　　　　마지막은 시명성입니다. 이는 태어난 시간을 기준으로 정해지는 것입니다. 시명성을 계산하는 것은 기본적으로 구할 수 있지만 난이도가 많이 높습니다. 사주팔자에서 사용하는 고등개념을 활용해야 하기 때문입니다.

　　그렇기에 해당 본문에서는 시명성을 구하는 방법으로 구성만세력을 활용하시는 것을 추천드립니다. 혹은 인터넷 내에서 '무료 구성학'을 검색하셔서 그곳에서 확인하시는 것을 적극 추천드리겠습니다. 그럼에도 일단 공식이라도 말씀 드리자면, 일명성이 순행인지, 역행인지를 확인하여야 합니다.

　　순행이라면 자신의 사주팔자를 확인하여 일지가 자오묘유에 속하면 11시~1시를 1로 놓고 순행 시킵니다. 진술축미라면 4부터, 인사신해라면 7부터 시작하면 됩니다. 만약 역행이라면 자오묘유일 때 9, 진술축미일 때 6, 인사신해일 때 3으로 시작하면 됩니다.

03
아홉 방위에
지정된 별에 대한 원리

구궁마다 정해진
명칭과 의미

구궁은 앞서 말씀 드렸던 아홉 개의 사각형을 말하는 것입니다. 이러한 구궁의 각 궁마다 정해져 있는 명칭이 있습니다.

손궁	이궁	곤궁
진궁	중궁	태궁
간궁	감궁	건궁

이러한 궁마다 해석의 의미가 담긴 명칭이 더 있습니다.

사업, 대인, 신용, 결혼 궁	문서, 명예, 탈로, 이별 궁	가정, 직업, 부모, 처 궁
계획, 명성, 시작, 사기 궁	욕심, 부패, 고질적 문제 궁	재물, 소비, 연애, 구설 궁
부동산, 대인, 반화, 형제 궁	자식, 부하, 이성, 고난 궁	발전, 종교, 부모, 법규 궁

각 궁마다 정해진 상수도 있습니다. 그것은 다음과 같습니다.

4	9	2
3	5	7
8	1	6

그런데, 이러한 상수 위치는 고정이 아닙니다. 앞서 연명성, 월명성, 일명성, 시명성을 알아보았습니다. 그렇게 구한 것들에 따라 달라지는 것입니다. 이전에 구해놓은 자신의 숫자를 중궁에 넣어주는 것입니다. 그 다음부터 순행, 역행을 고려하여 다른 숫자를 넣어줍니다. 이때 기준이 된 상수를 배치한 순서에 맞추어 넣어야 합니다. 다소 말이 어려운데, 예시를 보여드리겠습니다. 만약 자신의 연명성이 8이라면 중궁에 8을 넣어줍니다. 그리고 중궁의 상수 5의 다음 수인 6은 건궁에 위치하고 있습니다. 그렇기에

제 3장 기운에 변화를 주는 학문 구성학

8의 다음 수인 9를 건궁에 넣어주는 것입니다.

7	3	5
6	8	1
2	4	9

그렇게 하면 위와 같은 형태로 상수가 재정렬하게 됩니다. 이렇게 되면 이제 궁은 그대로인데 상수만 바뀌게 되었습니다. 바뀌게 된 상수를 기준으로 구성학 해석이 진행되는 것입니다.

그럼 해석을 하는 방법까지 설명 드리도록 하겠습니다. 일단 알려드릴 것은 본명성, 월명성, 일명성, 시명성을 기준으로 만든 구궁만 보는게 아니라는 점입니다. 운명학을 통해 가지게 될 의문은 크게 두 가지가 있습니다. 하나는 자신의 특징, 자신에 대한 운명 등에 대한 것입니다. 다른 하나는 올해(혹은 특정 시기) 어떤 일이 생길 것인지에 대한 것입니다.

해당 질문에 대한 답변을 구하는 방법은 두 가지가 다릅니다. 전자의 질문을 볼 때는 자신의 구궁을 봅니다. 자신의 일명성을 기준으로 궁과 상수의 특징을 비교하여 값을 구할 수 있습니다. 후자의 경우에는 질문을 하는 시점을 기준으로 구궁을 봐야 합니다. '내가 올해 연애를 할 수 있겠습니까'라는 질문에 답변을 하기 위해서는 올해의 연명성 구궁을 봐야 합니다. 예를 들어 24년의 구궁을 만들면 다음과 같은 모습이 나옵니다.

2	7	9
1	3	5
6	8	4

이렇게 나온 명반에 자신의 일명성이 어디있는지를 찾아서 해당 위치를 확인하는 것입니다. 만약 자신의 일명성이 2 혹은 5라면, 24년에 연애를 할 수 있을 것입니다. 그러나 3이라면 자신이 만족을 하지 못해서 연애를 못할 수 있고, 1이라면 다가오는 여성이 사기꾼일 가능성이 높습니다. 이런식으로 해석이 진행되는 것입니다.

길흉을 기준하는 방위를 정하는 3가지 요소

앞서 확인한 방향 중에 좋은 방향과 나쁜 방향을 구분할 수 있는 확실한 방법이 있습니다. 좋은 방향은 '천덕'의 기운이 작용하는 곳이며, 나쁜 방향은 '암살'과 '파살'이 존재하는 곳입니다. 하나씩 설명을 드리겠습니다. 먼저 좋은 방향입니다. 천덕의 방향은 방위를 볼 때 길한 기운을 작용해주는 곳으로 연반이나 월반을 기준으로 볼 수 있습니다. 연을 기준으로 볼 때 당년의 간지 중 지지를 보고 방위를 확인합니다.

자 : 손 축 : 경 인 : 정 묘 : 곤

진 : 임 사 : 신 오 : 건 미 : 갑

신 : 계 유 : 간 술 : 정 해 : 을

해당 조합으로 연을 기준으로 한 천덕을 확인할 수 있습니다.

월도 조합식이 따로 있습니다.

1: 정 2: 곤 3: 임 4: 신 5: 건 6: 갑

7: 계 8: 간 9: 정 10: 을 11: 손 12: 경

이렇게 시기에 맞추어 방향을 잡으면 길한 방위를 잡을 수 있습니다.

다음은 흉한 방위입니다. 이는 암검살과 파살로 이루어져 있습니다. 암검살은 쉽습니다. 명반에 5가 있는 위치를 찾고 5가 위치한 궁의 맞은 편에 있는 궁에 암검살이 꽂히게 되는 것입니다. 암섬살은 외부로부터 자극에 휘말리는 살입니다. 자중하고 있음에도 불구하고 돌발적으로 사건이 일어나는 경우가 많습니다.

다음은 파살입니다. 기본적으로 적용할 명반이 연, 월, 일, 시 중에 어떤 것인지에 따라 명반에 배치되는 지지 문자는 달라집니다. 구궁에 배치된 지지의 종류에 따라 '파살'이라는 것이 드러납니다. 파살은 지지끼리 충하는 관계에 있을 때 발현됩니다.

'충(沖)'이라는 것은 서로 충돌한다는 뜻입니다. 하고자 하는 일에 난관이 닥쳐 일을 이루지 못한다는 것을 의미합니다.

충하는 관계는 앞서 2-3 챕터에서 설명 드렸었습니다. 어렵게 볼 것 없이 다음 내용이 충을 이루는 지지 관계입니다.

인사 / 사해 / 자오 / 묘유 / 진술 / 축미

현재 보고 있는 명반이 생년을 기준으로 하고 있다면, 본인이 태어난 년도의 간지 중 지지 문자를 확인하고 그것과 충 관계에 있는 문자가 있는지를 찾아야 합니다.

진사	오	미신
묘	(戊己)	유
인축	자	해술

만약 24년에 태어난 아이를 기준으로 한다면 24년은 갑진년이기에 진과 충 관계에 있는 문자인 술이 위치한 건궁이 파살을 맞게 되는 것입니다. 이렇게 파살이 있으면 다툼이나 어려운 상황이 발생하게 되며, 깨어지거나 흩어진다는 해석이 가능한 일이 생길 수 있습니다. 특히 갈등이 일어날만한 상황이 생길 수 있으니 스스로 말이나 행동을 조심히 할 필요가 있습니다. 파살을 맞는 궁에 따라 해석이 약간 달라질 수 있습니다.

1) 감궁   키워드: 곤란, 자녀, 비밀, 임신, 공부, 비밀

파살이 감궁에 있으면 새로운 계획이나 구상이잘 풀리지 않고 깨어집니다. 비밀이 있었다면 드러나는데, 이성 문제로 인한 연인 간의 갈등이 생길 가능성이 높습니다.

2) 곤궁   키워드 : 부인, 가정, 노동, 취업, 가게

아내와의 갈등이나 불화로 인해 가정이 위험해집니다. 이것이 아니라면 직장에서의 다툼으로 일자리를 잃을 수 있습니다. 이처럼 본인이 속해있는 곳에서 자리를 잃게 될 수 있습니다.

3) 진궁   키워드: 시작, 아이디어, 사고, 사기, 허풍

시작이 어렵거나 새로 시작한 일들이 사기를 당하게 될 수 있습니다. 이때 일이 어려운 이유는 타인과의 다툼입니다. 손님일수도 있고 동업자일수도 있습니다. 아예 집안 사람과 다투어서 여력이 부족해진 것일수도 있습니다.

4) 손궁   키워드: 신용, 자격, 결혼, 해외

거래처와의 다툼이나 갈등으로 신용이 실추되기도 합니다. 결혼을 앞둔 두 사람 사이에 갈등이나 다툼이 생길 수 있습니다. 주변 여건이 어렵거나 다툼으로 인해 해외에 나갈 일이 취소 될 수 있습니다.

5) 중궁

중궁에는 파살이 올 수 없습니다. 왜냐하면 지지 문자가 배치되지 않기 때문입니다.

6) 건궁   키워드: 상사, 부친, 해임, 투자, 확장, 사고

상사와의 갈등이나 다툼으로 직장에서 불이익을 받을 수 있습니다. 부친과 다툼이 있을 수 있는데 이때 사고가 날 수 있습니다. 무리한 투자나 확장으로 인해 재물적 어려움이 있을 수 있습니다.

7) 태궁   키워드: 유흥, 연애, 사치, 재물, 구설수

연인간에 다툼으로 인해 끝맺음을 하게 될 수 있습니다. 지나치게 쾌락을 추구하고 낭비가 심하다 보니, 돈 걱정을 하게 될 일이 생길 수 있습니다. 모임에서 다툼을 일으켜서 구설수에 오를 수 있습니다.

8) 간궁   키워드: 변화, 승진, 이사, 고향, 형제, 부동산, 상속

열심히 변화를 만들어내려 노력하지만 방해가 너무심해서 발전을 이루어내지 못할 수 있습니다. 부동산 문제가 생길 수 있으며, 그 대상은 형제일 가능성이 높습니다. 이사나 이직으로 인한 문제가 생길 수 있습니다.

9) 이궁   키워드: 문서, 공부, 명예, 이혼, 계약, 구설수

주식에 투자를 했으나 타이밍이 좋지 않아 손해만 입게 될 수 있습니다. 돈 계약에 문제가 생겨 안좋은 소문이 생기고 법적 문제를 겪게 될 수 있습니다. 연인 문제 때문에도 법적 문제가 생길 수 있습니다.

구궁의 위치에 따라 정해지는
특징

        지금까지 구성학의 여러 설명을 드렸습니다. 이 장에서는 그것들을 조합해서 특정 궁에 어떤 상수를 써서 길방으로 효과를 받았는지에 대해 종합적으로 설명을 드리도록 하겠습니다.

- 건궁 1

건궁에 1을 길방으로 썼을 때는 사회적으로 유연한 사교성을 키워서 교제면에서 비상한 운이 열립니다. 상류 계급의 윗사람과 교섭이 이루어질 수 있습니다. 상사의 도움을 받아 새로운 계획을 추진해서 크게 성공할 수 있습니다.

- 건궁 2

대단한 근로의욕이 샘솟습니다. 무슨 일이건 건실하게 노력을 할 수 있는 정신력이 길러집니다. 활동력에 따라 영업 설적이 향상됩니다. 유혁한 인사나 직장상사의 추천으로 좋은 기회를 얻을 수 있게 됩니다. 시간이 지날수록 마무리가 깔끔해집니다.

- 건궁 3

활동력이 왕성해질 뿐 아니라 새로운 일을 계획하여 크게 발전할 운이 따릅니다. 행동을 취한 것도 상당한 이득을 봐서 사회적인 각광과 신용을 얻을 수 있습니다.

- 건궁 4

손윗사람이나 경영반면의 사람과 교제가 활발하게 이루어집니다. 그 덕에 신용을 얻게 되는데, 이로인해 다른 곳과도 거래 관계과 원활해집니다. 뜻밖의 지원을 받을 수 있는 곳도 생깁니다.

- 건궁 5

이곳은 길방으로 쓸 수 없는 곳입니다. 만약 이곳이 길방으로 쓰였다면 오히려 안좋은 효과가 생깁니다. 건강, 인간관계에서 특히 안좋은 모습을 보이게 될 것입니다.

- 건궁 6

비상한 활동력을 보입니다. 무슨 일을 하건 쓸만한 결과를 만들어냅니다. 동료와 선배의 추천, 상급자의 지원으로 승승장구할 수 있는 시기입니다. 큰 사업을 일으켜 성공을 거둘 수 있다는 의미를 보입니다. 사회적인 지위도 얻게 될 수 있습니다.

- 건궁 7

길방으로 쓸 수 없는 방위입니다. 금전적 손실을 입을 수 있습니다.

- 건궁 8

왕성한 활동력으로 새로운 계획을 차례로 세워서 계속된 성공을 거둘 수 있습니다. 좋은 의미의 변화가 계속 이루어집니다. 가까운 친인척의 도움으로 부동산을 갖게 될 기회가 올 수 있습니다.

- 건궁 9

비상한 안목으로 독창적인 아이디어나 기획을 실행할 수 있습니다. 뜻밖의 인물에게 도움을 받아서 크게 성공할 수 있습니다. 이때 분야는 학문, 예술 방면으로 시도하는 것이 좋습니다. 이것으로 인해 명예와 명성을 얻을 수 있습니다.

- 태궁 1

주식을 동반한 교제가 활발해져 인간관계가 원만히 형성되어 은밀한 거래가 이루어질 수 있습니다. 뜻밖의 부수입을 얻을 수 있으며, 부업으로 인해 큰 재산이 생길 수 있습니다.

뜻밖의 장소에서 연애 상대를 만나게 될 수도 있습니다.

제 3장 기운에 변화를 주는 학문 구성학

- 태궁 2

어떤 일을 하든지 돈이 벌리게 됩니다. 특히 대중적인 영업이나 공동 사업 등을 하면 금전적으로 큰 이득을 가지게 됩니다.

여유가 생기면 부동산 매매를 시도해보시는걸 추천드립니다. 가정에서는 모친이나 배우자에게 좋은 일이 생깁니다.

- 태궁 3

새로운 기획이나 사업이 성공하여 재운을 잡을 수 있습니다. 어떤 일이든 적극적인 생각을 가지게 되어 크게 발전하게 됩니다.

본인의 발전에 의해 또 다시 새로운 기회가 생길 수 있습니다. 이성에 대한 태도도 적극적이게 됩니다. 다만 너무 과해서 남녀 문제를 일으킬 수 있으니 주의하시기 바랍니다.

- 태궁 4

처세술, 교제술이 크게 늘어납니다. 사회적 신용과 추천으로 경제적 풍요가 생길 수 있습니다. 신용과 수익이 크게 늘어날 조짐이 보입니다. 이성교제가 생겨서 좋은 혼담으로 발전하게 될 수 있습니다. 먼 곳에서 예상치 못한 좋은 소식이 들려올 수 있습니다.

- 태궁 5

길방이 될 수 없습니다. 금전적으로 큰 위기에 빠집니다.

- 태궁 6

왕성한 활동력으로 큰 계획을 추진하여 대단한 재운을 잡을 수 있습니다. 손위로부터뜻밖의 기회를 주어 추천하는 것으로 성공이 보장됩니다. 좋은 집안 자녀와 혼담이 이루어질 수 있습니다.

- 태궁 7

붙임성이 좋아집니다. 달변가가 되어 대인관계가 필요한 비즈니스를 아주 잘하게 됩니다. 젊은 남녀 사이에 교우가 생겨 결혼의 기회가 될 수 있습니다.

- 태궁 8

새로운 기획이 차례차례 진행되어 큰 성공을 이룰 수 있습니다. 만사가 좋은 의미로 작용됩니다. 해당 시기에 저축을 하면 절제도 잘 됩니다. 결국 상당한 자산가가 되어 부동산 운을 얻게 됩니다.

- 태궁 9

길방으로 쓸 수 없는 자리입니다. 문서나 보증 문제로 송사가 생길 수 있습니다.

제 3장 기운에 변화를 주는 학문 구성학

- 간궁 1

다른 사람과 교제 관계에 변화가 일어나 좋은 관계가 되고, 악연이라면 떨쳐낼 수 있는 운이 생깁니다. 친인척이나 친구에게 도움을 받을 수 있는데, 이것이 인생에 좋은 기회로 작용하게 됩니다.

- 간궁 2

길방으로 쓸 수 없는 방위입니다. 인간관계로 인해 고통스러움을 느끼게 됩니다.

- 간궁 3

친밀하고 좋은 의미의 변화가 일어납니다. 어떤 일이든 순조롭게 발전합니다. 새로운 기획이나 사업이 뜻밖의 기회를 얻어 크게 성공할 수 있습니다.

- 간궁 4

사회적인 신용도가 향상되어 만사가 순조로워집니다. 특히 상업을 하는 사람은 신용이 좋아져서 거래 관계에 긍정적인 변화가 생기게 될 수 있습니다. 덩달아 수익도 올라가게 될 것입니다.

친인척의 협조를 받거나 부동산 운이 좋아집니다.

- 간궁 5

길방으로 쓸 수 없습니다. 어떤 일이든 실패하여 스스로 좌절할 수 있습니다.

- 간궁 6

새로운 기획이나 사업을 추진했을 때 크게 성공하여 주목을 받게 됩니다. 사업은 잘되고 직장에서는 승진하게 됩니다. 손윗사람이나 유명자산가와 친분을 가지게 되어 성공의 기회를 맞게 됩니다. 투기성 사업이나 부동산 매매에 운이 좋습니다.

- 간궁 7

재산 증식에 아주 좋은 운입니다. 계속 새로운 계획을 세워서 추진하는 것으로 큰 재물을 얻을 수 있습니다. 정신적으로도 욕심을 내어 작용할 경우도 생겨서 왕성한 저축으로 가만히 앉아서 상당한 자산가가 될 수 있습니다.

- 간궁 8

운의 기운이 크게 한번 환기됩니다. 어떤 일이건 순조로운 발전을 가져올 수 있습니다. 친인척간에 일어났던 문제가 해결되고 도움을 받을 수 있습니다.

- 간궁 9

독창적인 아이디어나 기획이 계속 떠오르거나 선발되어, 남들의 눈에 띌 수 있습니다. 해당 프로젝트를 진행할수만 있으면 크게 성공할 수 있습니다.

사회적으로 명예가 명성이 크게 오르고 사업도 뜻밖의 기회로 성공하게 되는데, 지적 사업이 가능성 좋습니다. 학문이나 예술 분야로도 좋은 운입니다.

- 이궁 1

독창적인 아이디어를 가지고 있어서 이를 활용한 부업에 성공할 기미가 있습니다. 능수능란한 사교적 능력으로 상류층과 좋은 관계를 맺을 수 있는 조짐입니다. 애인과 갈등을 겪고 있던 사람이라면, 고민거리가 해결될 것입니다.

- 이궁 2

노력정신과 근로의식이 왕성합니다. 이렇게 노력한 것을 남들이 알아주어 인정 받을 수 있습니다. 이로 인해 뜻밖의 지위향상과 영업상태가 좋아집니다. 대중을 상대로 아이디어나 기획이 성공합니다. 명예와 명성이 사회에 널리 알려지게 됩니다.

- 이궁 3

새롭고 독창적인 아이디어를 실천하여 명예와 명성을 높일 수 있습니다. 어떤 일이던 선견지명과 진취적 정신이 발휘되어 만사가 순탄하게 될 효과도 있습니다. 특히 생각을 많이해야 하는 사업에 최적화 되어 있다고 할 수 있습니다.

- 이궁 4

길방으로 쓸 수 없는 자리입니다. 신용이 크게 떨어지는 일이 생기게 됩니다.

- 이궁5

길방으로 쓸 수 없는 자리입니다. 당사자의 생각과 모든 일이 반대로 흘러가게 됩니다.

- 이궁 6

비상한 활동력이 솟아납니다. 두뇌도 명석해져서 만사에 해결책을 내놓을 수 있게 됩니다.

독창적인 아이디어와 기획을 실천하게 됩니다. 사회적인 인정을 받아 윗사람에게 추천을 받고 명성을 얻을 수 있습니다.

- 이궁 7

독창적인 기획이나 지성을 요하는 비즈니스에 의하여 명성과 명예를 얻음과 동시에 큰 재물을 얻을 수 있습니다. 특히 발명이나 발견, 예술적인 일은 물론 언론에도 큰 영향을 줄 수 있습니다. 학자와 의사에게 직업적으로 좋은 일이 생깁니다.

- 이궁 8

새로운 아이디어나 계획을 차례로 실행에 옮겨 큰 성공을 거두게 됩니다. 명석한 두뇌로 선견지명이 있어 분위기를 파악한 사업으로 좋은 기회를 잡게 됩니다.

- 이궁 9

두뇌가 명석하여 창조적인 일을 잘 수행할 수 있게 됩니다. 아이디어를 생각해내는 능력이 특히 뛰어납니다. 남들이 잘 신경 쓰지 않는 부분에서 정답을 찾아, 깊게 파고들 수 있습니다.

- 감궁1

주식을 겸한 은밀한 교제와 거래가 활발해집니다. 독점으로 거래를 할 수 있게 되거나 남들은 모르는 방식을 제대로 활용할 수 있습니다. 경우에 따라 소박하게 벌릴 수 있지만 착실하게 수익이 늘어납니다. 남녀 간의 성적인 문제가 해결됩니다. 자식이 생기게 될 운이 크게 들어오기도 합니다.

- 감궁 2

검소하지만 착실합니다. 일에 의욕을 가지게 되어서 성실하게 노력을 투자할 결심이 섭니다. 게으름과 거리가 멀어집니다. 이렇게 유지한다면 남들이 알아줘서 알아서 혜택을 가져다주곤 합니다. 지위의 상승이나 재물이 대표적인 예시입니다. 좋은 집도 생기고 부부생활도 원만하게 풀어집니다.

- 감궁 3

교제가 아주 활발해지는데, 이때 좋은 사람을 만납니다. 이는 이성적일지, 사업적일지 모릅니다. 또한 활동력도 왕성해집니다. 새로운 계획이나, 이전부터 해보고 싶었던 일을 하면 성공을 이루어낼 수 있습니다. 부업에도 성공하여 큰 수입을 올릴 수 있습니다.

- 감궁 4

신용이 크게 증가합니다. 대인관계에 종사하는 비즈니스맨에게는 이만한 길운이 없습니다. 사교성, 붙임성, 흥정 능력이 돋보이게 올라갑니다. 신뢰거래를 하게 되니 영업 실적도 오릅니다. 젊은 남녀는 연애나 결혼의 기회도 있습니다. 단, 모험적인 연애는 후회할 일을 만들 수 있으니 신경쓰면 좋습니다.

제 3장 기운에 변화를 주는 학문 구성학

- 감궁 5

길방으로 쓸 수 없는 곳입니다. 온갖 고통과 걱정거리가 연이어 생기게 됩니다. 스스로 안좋은 일을 불러올 수 있습니다.

- 감궁 6

길방으로 쓸 수 없는 곳입니다. 선임과 관계가 악화되어 출세길이 가로 막힙니다.

- 감궁 7

대인관계가 아주 좋아집니다. 사교적인 활동을 통해 수입을 벌어들이게 될 기회가 생깁니다. 이성관계에도 좋은 일이 생기는데, 기쁜 일이 생길 기회가 옵니다. 다만 금전적인 지원이 받쳐주어야 좋은 운을 온전히 누릴 수 있습니다. 그렇기에 금전 관리를 잘해서 중간에 운세가 끊어지는 일을 피해야 합니다.

- 감궁 8

별로 눈에 띄지는 않지만 착실하게 좋은 변화가 생깁니다. 가족에게도 좋은 일이 생깁니다. 덕분에 가족과 기분 좋은 일상을 보낼 수 있게 됩니다. 땅이나 집에 좋은 일이 생깁니다. 주로 재물 분야에서 좋은 일이 생기는 것입니다. 이상할 정도로 저축이 잘됩니다. 의도하지 않아도 돈이 잘 쌓이게 됩니다.

- 감궁 9

원칙적으로는 쓰지 않는게 맞는 자리입니다. 사교적인 능력이
좋아지긴 하지만 역풍을 맞게 될 가능성이 배제할 수 없을 정도로
존재합니다.

- 곤궁 1

가정에서 여러 가지 기쁜 일이 많이 생깁니다. 어머니나 배우자
그리고 자녀들로부터 인한 경사가 생깁니다. 자녀가 없던 분들은 배
우자에게서 자식이 생겼다는 소식을 듣게 될 수 있습니다. 사회적으
로도 활동 범위가 넓어집니다. 좋은 친구도 많이 사귈 수 있습니다.

- 곤궁 2

매사를 성실하게 노력하고자 하는 정신과 견실성이 나타나 근
로의욕이 왕성해집니다. 사업운이 열리는 때입니다. 가정에서도
여러 가지 경사가 생깁니다. 지금까지 노력했던 성과가 이루어지
는 시기입니다. 단란하고 행복한 가정을 누릴 수 있습니다.

- 곤궁 3

매우 적극적인 활동으로 모든 비즈니스가 착실하게 발전합니
다. 어떤 아이디어로 사업을 하든 성공을 했으면 했지, 최소한 실
패는 하지 않습니다. 가정에서도 밝은 분위기가 유지되며 좋은 부

제 3장 기운에 변화를 주는 학문 구성학

동산을 얻게 될 운이 있습니다.

- 곤궁 4

교제술이 아주 활발해집니다. 사회적인 신용도가 향상됩니다. 좋은 인간관계로 여러 가지 기쁜 일이 생겨서 대인관계의 사업을 하는 사람이 많아집니다. 젊은 남녀는 연애 상대를 만날 기회가 생기게 됩니다.

- 곤궁 5

길방을 쓸 수 없는 자리입니다. 가정에 안좋은 일이 생기게 됩니다. 배우자나 자식 때문에 골머리를 썩입니다.

- 곤궁 6

손윗사람이나 선배의 도움을 받아 가정적으로나 직업적으로 여러 기쁜 일이 생기게 됩니다. 활력도 생겨서 수입이 증가하고 지위도 향상됩니다. 동업자와 함께 했을 때 기운이 더욱 강해집니다.

- 곤궁 7

견실한 수입이 증가합니다. 엄청 크진 않지만 기분 좋은 일이 많이 생깁니다. 맛있는 것을 먹게 될 수 있고 즐거운 일이 생깁니다. 성실한 사람과 교제할 기회가 생기며, 결혼을 봐도 좋은 사람이라 할 수 있습니다. 큰 돈을 벌 기회가 몇 번 오는데, 모두 부동산 투자에 관련되어 있습니다.

- 곤궁 8

길방으로 쓸 수 없는 자리입니다. 집안에 이별수가 들어서 이혼이나 생이별의 가능성이 생깁니다.

- 곤궁 9

정신적인 면이 강해집니다. 노력을 통해 버티고 좋은 아이디어를 뽑아내기 위해 시간을 사용하는데, 시간과 노력을 투자한 보람을 느낄 정도로 크게 성공할 수 있습니다. 이 덕분에 명예와 명성이 향상될 수 있습니다.

- 진궁 1

길방으로 사용할 수 없는 곳입니다. 재물을 벌어들이는 수단에 큰 문제가 생기게 됩니다.

- 진궁 2

비상한 활동력과 노력으로 발전을 가속화합니다. 새로운 계획을 적극적으로 추진하면 좋은 결과를 기대할 수 있습니다. 수입이 증가하고 가정적으로 안정을 찾게 됩니다.

- 진궁 3

만사에 비상한 활동력과 발전력을 가질 운세입니다. 새로운 사업이나 계획을 적극적으로 추진하여 성공을 이룹니다. 젊은 사람을 대상으로 하는 비스니스나 광고를 진행하면 잘 먹힐만한 아이디어를 만들어낼 수 있습니다.

- 진궁 4

사회적으로 대단한 신용과 거래가 증가하여 예리함이 생깁니다. 사교성이 발전하여 새로운 영역에서 교분을 맺게 됩니다. 기업이나 사업가는 거래가 번성하게 됩니다. 사업체가 크게 발전합니다.

- 진궁 5

길방으로 쓸 수 없는 자리입니다. 발전력이 사라지고 활동력이 무디어집니다.

- 진궁 6

손윗사람이나 선배의 추천과 지원으로 매사가 순조롭게 진행됩니다. 승진의 기회가 엿보이고, 크고 새로운 계획을 추진할 때 성공 확률이 높습니다. 부와 명예를 한번에 얻을 운입니다.

- 진궁 7

새로운 사업이나 계획을 적극적으로 추진하여 성공할 운입니다. 결과에 있어서 금전적인 이득이 크게 따릅니다. 연애나 결혼의 기회가 주어집니다.

- 진궁 8

좋은 의미의 변화가 생깁니다. 발전력이 크게 더해지는데 덕분에 새로운 계획이 마구마구 떠오를 수 있습니다. 이것이 성공을 하게 되면 분위기에 박차가 더해집니다.

- 진궁 9

창의력이 좋습니다. 새롭고 독창적인 아이디어와 계획을 발표하여 지위의 향상을 노릴 수 있습니다. 지적 창의력을 발휘하는 분야에서 매우 큰 성과를 거둘 수 있습니다.

- 손궁 1

유연한 사교성으로 사회적인 신용을 얻을 수 있습니다. 이에 따라 거래로 소득을 얻게 될 수 있습니다. 연애나 결혼의 기회가 따라옵니다. 비즈니스나 상거래에서 좋은 영업실적을 올릴 수 있습니다.

제 3장 기운에 변화를 주는 학문 구성학

- 손궁 2

무엇이든 성실하게 노력하려는 정신이 생겨 의욕이 샘솟습니다. 이것을 사회적으로 인정을 받아 신용을 통한 거래를 할 수 있게 됩니다. 자녀나 배우자가 큰 일을 해낼 수 있습니다.

- 손궁 3

길방으로 쓸 수 없는 자리입니다. 신용이 크게 추락합니다.

- 손궁 4

사회적인 신용이 늘어나고 교제가 활발해집니다. 덕분에 개인적인 신용도 덩덜아 오르게 됩니다. 이를 활용해서 재물을 벌어들일 수 있는 넓은 선택의 폭이 주어집니다.

- 손궁 5

길방으로 쓸 수 없는 자리입니다. 자기도 모르는 사이에 나쁜 인간관계에 휘말릴 수 있습니다.

- 손궁 6

선배의 추천이나 신용으로 인해 지위의 향상이나 찬스를 얻을 수 있습니다. 연락이 없던 친구나 지인으로 인해 갑작스러운 도움을 받게 될 수도 있습니다. 장래성이 있는 이성과 혼인할 기회가 생기기도 합니다.

- 손궁 7

신용이 크게 향상되어 대인관계를 기반으로 하는 비즈니스나 거래가 순조롭게 이어집니다. 수익은 덩달아 따라가집니다. 먼 친인척이 좋은 일이 생겨 간접적인 이득을 얻게 됩니다.

- 손궁 8

교우 관계에 좋은 변화가 생깁니다. 사업적으로 도움이 되어줄 사람들과 친해질 수 있으며, 개인적인 관계의 친구들과도 즐거움을 나눌 수 있게 됩니다. 친구나 친인척의 집으로 초대를 받아 좋은 제안을 받거나 대접을 받는 날이 있습니다.

- 손궁 9

명석한 두뇌로 독창적인 아이디어와 계획을 발표하여 세간의 주목을 받습니다. 덕분에 사회적으로 지위가 올라갑니다. 이를 계기로 유명인들과 관계를 맺어서 명성을 떨칠 수 있게 됩니다.

구궁의 해석을 돕는
보충 키워드

마지막으로 알려드릴 내용은 구궁 마다 정의된 내용을 해석 할 때 사용되는 내용에 대해 알려드리고자 합니다. 해당 내용은 원래 구성학으로 운명을 봐주는 역술인 중에서 해석을 할 때 사용하던 핵심 내용입니다. 본래 알려진 것은 구궁 별로 가지고 있던 특징이었는데, 이는 구궁이 가지고 있는 지지와 오행을 고려하여 해석되는 내용에 대한 것입니다. 앞서 이야기한 구궁의 내용을 보충하고 강화해주는 내용이라 생각하시면 되겠습니다.

1) 감궁   음양오행 : 水, 지지 : 子
- 깊이 있는 / 세밀한 / 아래로
- 물 / 차가운 / 고생 / 가난 / 어려움
- 예감 / 기민한 / 밤 / 어둠 / 은밀함 / 비밀 도둑
- 스며드는 / 질병 / 죽음 / 잠자는 / 연구
- 신장 / 방광 / 성 / 정자 / 자궁
- 자식 / 아랫사람 / 부하

2) 곤궁   음양오행 : 土, 지지 : 未申

- 집 / 가정 / 집안문제 / 서민 / 대중 / 서민문제

- 어머니 / 처 / 대중문제 / 동료 / 친구 / 경쟁자

- 낮은 땅 / 농촌 / 논밭 / 땅 / 토지 / 부동산 / 문제

- 농산물 / 가축 / 여자 / 웃어른 / 할머니

- 성실 / 인내 / 노력 / 지체된 / 오래된 / 묶은 것

- 직업 / 직장 / 일 / 노동 / 업무

3) 진궁   음양오행 : 木, 지지 : 卯

- 명예 / 명성을 얻다 / 시작 / 출발 / 발전 / 희망 / 계획

- 깜작놀람 / 벼락소리 / 요란한 / 사기

- 허풍 / 부풀림 / 소리 / 음악 방송 / 전기 / 정보통신

- 소리만 있고 형체가 없음 / 패기 / 충전 / 철부지

- 어린 나무 / 젊음 / 장남

4) 손궁   음양오행 : 木, 지지 : 辰

- 신용 / 완성 / 성숙 / 원만 / 다자란 나무 / 장녀

- 대인관계 / 결혼 교제 / 유행 / 바람 / 풍파 / 신변정리

- 이사 / 소식 / 자격 / 긴 것 / 끈 길 / 여행

- 사업 / 장사 / 거래 / 무역 / 외교

5) 중궁   음양오행 : 土, 지지 : 戊己

- 귀인의 도움 / 함정에 빠진 / 꽉 막힌

- 왕 / 우두머리 / 권위 / 고집쟁이 / 똥고집 / 고립

- 욕심 / 폭력 / 막막한 / 상한 것 / 불량품 / 더러운

- 불량배 / 깡패 / 사악한 / 썩은 것 / 부패된 것 / 오물

- 고질적인 것 / 암검살 / 고질병 / 옛 것을 다시 시작

6) 건궁   음양오행 : 金, 지지 : 戊亥

- 후원자 / 최고의 발전 / 남자 / 웃어른 / 할아버지

- 아버지 / 남편 / 위엄 / 권위적인 / 권력

- 하늘 / 높은 곳 / 종교 / 지배층

- 국가 / 정부 / 법률 / 법규 / 제도 / 높은 사람 / 대통령 / 시장

- 큰 자본 / 투자 / 투기 / 자동차 / 기차 / 군대 / 전쟁 / 병원

- 쇳덩이 / 중장비

7) 태궁   음양오행 : 金, 지지 : 酉

- 유흥 / 즐기는 것 / 기쁨 / 먹는 것 / 요리 / 음식 / 식당

- 현금 / 소비 / 낭비 / 연애 / 소녀 / 보석 / 칼

- 말 / 입 / 언쟁 / 구설 / 금융

8) 간궁   음양오행 : 土, 지지 : 丑寅

- 부동산 / 저축된 돈 / 산 / 변화 / 개혁

- 상속 / 재산 / 저축 / 대를 잇는 것 / 형제 / 친척 / 친구

- 교육 / 교육자 / 숙박업 / 창고업

- 막힘 / 정지 / 출입/ 집단

9) 이궁   음양오행 : 火, 지지 : 午

- 문서 / 명예 / 명성 / 화려함 / 예술 / 사치

- 재판 / 수사 / 약속 / 비밀 / 탄로

- 소멸 / 죽음 / 이별 / 마찰 / 분쟁

- 공부 / 학문 / 지위 / 명예 / 출세/ 신문 / 광고

- 신용 / 보증 / 증권

제 4장

실전 활용 예시

제 4장

실전예시

지금까지 설명 드린 것들은 모두 역학에 속해있던 학문의 일종입니다. 그렇기에 해당 학문들의 결과를 조합하는 것으로, 하나의 결로을 내리는 것도 가능합니다. 그렇게 사용하는 방식에 대해 몇 가지 예시를 통해 설명을 드리려고 합니다만, 본문의 핵심 주제로 꼽아왔던 묫자리, 파묘는 사실 육효와 구성학의 영향력은 거의 없다고 볼 수 있습니다.

육효는 자리를 보는게 아니라, 무덤의 상태나 본인이 지금 어떻게 조치를 취해야 하는지 등의 '상태'를 확인하는 용도라 할 수 있습니다. 또한, 구성학은 묫자리가 정해졌을 때 방위적으로 참고를 하는 용으로 쓰이는 것이라 할 수 있는 것입니다. 그렇기에 파묘를 진행하고 이장 시킬 묫자리를 볼 때는 풍수지리의 역할이 매우 크고 중요하다 할 수 있습니다.

[파묘] 땅의 주인이 될 것인가 노예가 될 것인가

이러한 풍수지리적인 면에서 보았을 때, 풍수적으로 제대로 고려되지 않은, 잘못된 파묘 및 이장으로 인해 안좋은 상황을 겪은 사례도 있습니다. 한 가지 씩 설명 드리도록 하겠습니다. 먼저 정치적인 중책을 맡았던 인물 중 대선 후보로 등장했던 인물인 L씨의 사례를 설명 드리겠습니다.

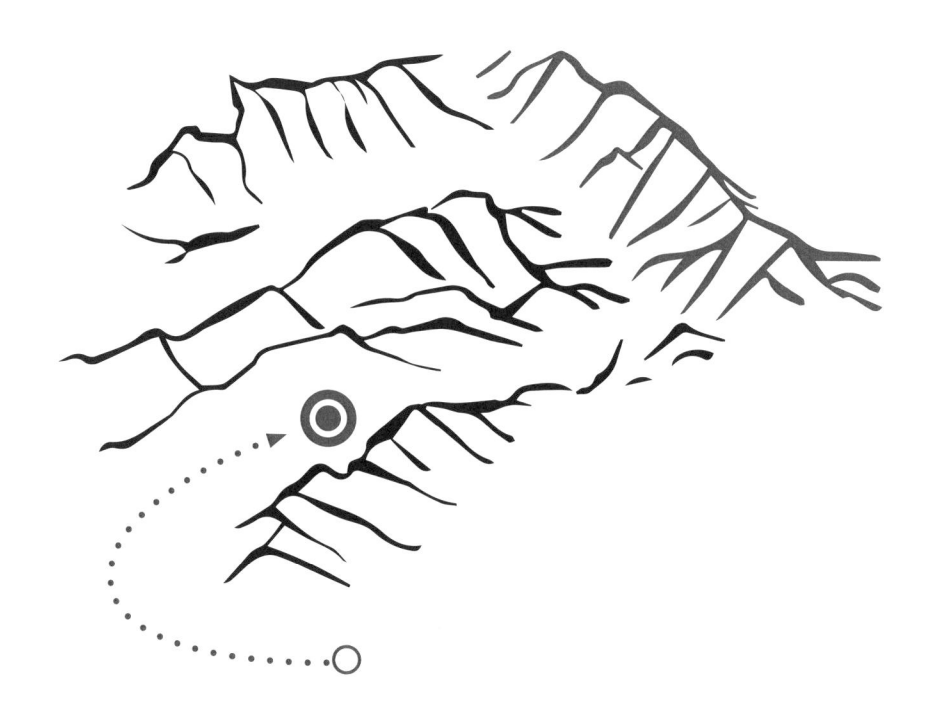

위 산을 보면 가장 높게 솟은 주산에서 기운이 맥을 타고 흐르고 있습니다. 왼쪽으로 크게 3개의 맥 줄기가 보이는데, 풍수지리상으로 맥과 맥 사이에 양 옆으로 기운을 빨아들이되, 흘리는 기

운은 적게 줄일 수 있는 자리인가 명당입니다. 맥과 맥 사이에 있는 공간들이 명당이라 할 수 있습니다.

그러나 해당 지도를 보면 명당이 아닌 산 줄기의 아랫 부분에 묘가 있었습니다. 묘가 위치한 산 줄기 하나만 보면, 묘자리가 나름 명당이라 할 수 있습니다. 그러나 집안의 선산이, 묫자리가 위치하던 그 지역이기 때문에, 사용할 수 있는 범위 내에서 최대한의 명당을 고른 것이라 할 수 있습니다.

선산 중에서 묘가 가장 좋은 이유는 앞에 도로를 물로 볼 수 있으며, 뒤에 나무들을 주산으로 볼 수 있기 때문입니다. 좌는 다소 약하고 우는 강합니다. 배산임수의 작은 버전이라고도 할 수 있습니다.

또한, 기운을 품고 흐르는 맥이 흐름을 서서히 줄이더니 지표면에 가깝게 고도가 낮아져서, 기운이 많이 모이는 자리이기 때문에 선산 내에서 가장 명당이라 할 수 있습니다. 해당 인물이 대선에 출마할 때, 더 좋은 기운을 받고자 부친의 묘를 이장하였습니다. 그리고 그 위치는 아래와 같습니다.

[파묘] 땅의 주인이 될 것인가 노예가 될 것인가

해당 자리는 맥이 시작되는 곳을 잘 보아야 합니다. 중앙에 있는 산을 주산으로 보아서 맥이 이어지고 있다고 볼수도 있지만, 중앙에 있는 산에게 기운을 전해주는 태산이 그 뒤에 있기 때문에 크게 보아야 하는 위치입니다.

그런데 보면 마을, 산줄기, 도로가 전부 맥을 가로지르고 있는 것을 볼 수 있습니다. 그나마 오른쪽은 산줄기가 위치하였기에,

기운이 흐른다고 볼 수 있었겠지만, 산에 도로가 생기면서 맥이 끊어져 버렸다고 볼 수 있습니다.

그렇기에 해당 자리는 가까이에서 보면 명당이라 볼 수 있지만, 전체적으로 보면 명당이라 보기에 부적합한 부분이 있는 곳이라 할 수 있습니다.

실제로 해당 인물은 파묘 후 이장을 진행하기 전에 높은 정치적 입지를 가지고 있었으나, 대선에 출마하고 이장을 진행한 이후 대선에서 탈락하게 되는 아쉬운 일을 겪게 되고 말았습니다. 굳이 이야기 하자면, 이장을 진행하지 않는게 더 나았을 것이라 할 수 있습니다.

다른 사례를 하나 더 설명 드리겠습니다. 해당 인물도 정치계의 인물이었습니다. 부모의 묘가 원래도 명당에 있었는데, 그 위치는 다음과 같습니다.

[파묘] 땅의 주인이 될 것인가 노예가 될 것인가

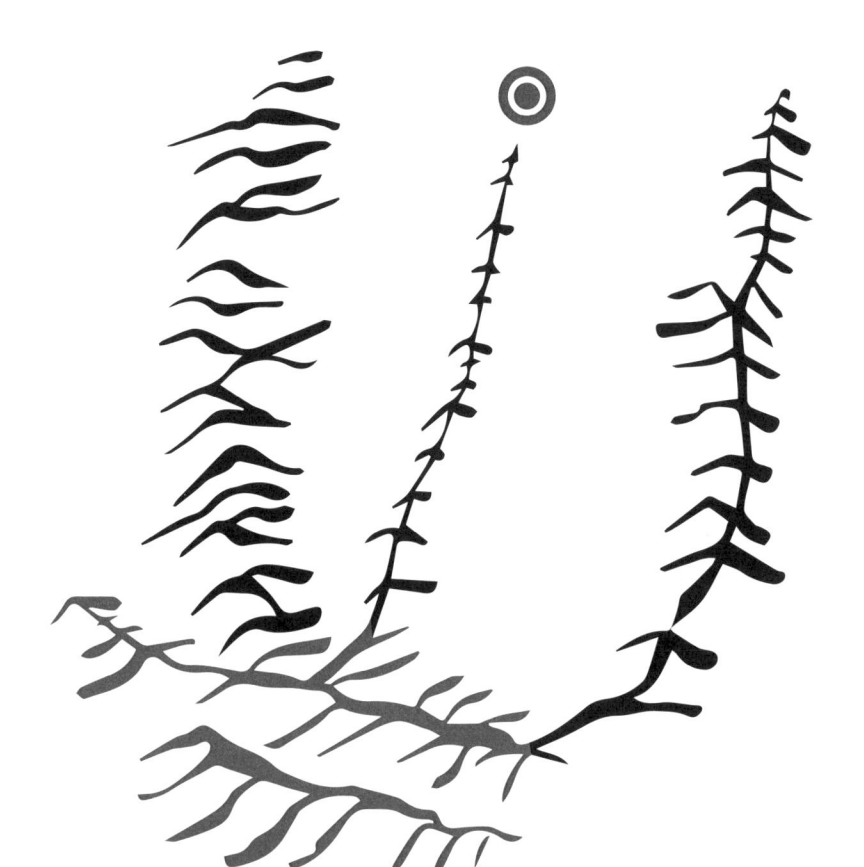

　해당 자리는 ㄷ자 모양의 산줄기에 둘러쌓인 마을입니다. 마을을 감싸고 있는 뒷산은 가장 높으며 좌청룡, 우백호의 역할을 맡고 있는 산들이 모두 높지 않고 완만합니다. 좌우의 산, 그리고 가운데 분지의 높이가 유사하다는 뜻입니다.

　원래 좌우, 뒷면이 산으로 되어 있는 중앙 자리는 장풍법에 의해 매우 좋은 명당으로 취급 받지만, 좌우의 산이 높이가 낮아서 1등 명당이라기에는 약간 아쉽습니다. 2등 명당이라고 할 수 있습니다. 길이 대동소이 하니 해당 지역도 실패 없이 무난하고 길게 갈 수 있는 기운이 가득한 자리였습니다. 그런데 해당 자리에 있던 묘를 파묘해서 이장하였으니, 그 자리는 다음과 같습니다.

해당 자리는 풍수적으로 보기가 매우 난해한 자리입니다. 혈의

[파묘] 땅의 주인이 될 것인가 노예가 될 것인가

흐름을 보는 것도 아니고, 그냥 말 그대로 풍수적은 해석을 가늠하기 어려운 자리입니다. 이장 전에 가지고 있던 직급, 혜택, 기운을 잃어버리는 자리라 할 수 있습니다. 명당의 조건을 갖추지 못한 자리이기에, 아무런 의미가 없다고 할 수 있습니다.

마지막으로 한가지 예시를 더 말씀 드리겠습니다. 앞서 안좋은 자리 혹은 2등 자리에만 말씀 드렸으니, 이번에는 아주 좋은 묏자리 명당을 설명 드리겠습니다.

해당 자리는 명당의 기본 조건인 주산과 좌청룡, 우백호로 둘러쌓인 형세를 띄고 있습니다. 그 안에 분포된 분지는, 주산으로부터 흘러나오는 기운이 좌청룡과 우백호로 타고 흐르며 그 주변 지형에 좋은 영향을 줍니다. 또한, 바람은 자연스럽게 타고 들어오며, 바람이 나가는 길은 한 곳 밖에 없습니다. 그렇기에 바람을 타고 들어온 길운이 오랫동안 남아있는 자리입니다.

특히 한국은 동고서저의 특징이 있습니다. 그렇기에 청룡 쪽이 강해지는 것이 더욱 좋습니다. 해당 지형이 딱 왼쪽 산이 강하고 높게 되있는데, 이렇게 좌청룡이 강세를 가지고 있을 경우 후손 중 남성들의 운이 크게 강해집니다. 즉, 남성 중에서 가문의 이름을 알릴 큰 인물이 나올 수 있게 해주는 자리라 할 수 있습니다.

조상의 묏자리. 특정한 날에 제사 혹은 인사를 드리러 갈 때를 제외하면 방문할 일이 많지 않은 곳입니다. 게다가 묏자리로 인해 후손에게 영향이 온다는 이야기 자체가 허무맹랑 하다 생각할 수 있습니다.

그러나 모든 운명학이 그러합니다. 설명 드린 육효점, 풍수지리, 구성학을 포함하여 존재하는 모든 운명학이 가상의 법칙의 영향을 받습니다. 또한 운명학이 지금까지 전승되어 오고 있다는 것

[파묘] 땅의 주인이 될 것인가 노예가 될 것인가

은, 무언가 신뢰 할 수 있는 역사가 쌓여있다는 것이라 할 수 있습니다. 계속 들어맞기에 사람들이 믿고 따를테니 말입니다.

만약 실제로 파묘를 하게 되는 상황을 구분하는 것은 육효를 활용해주시기 바랍니다. 집안에 혹은 개인에게 계속 안좋은 일 혹은 신호가 온다면 무엇이 문제인지, 어떻게 문제인지를 물어보는 식으로 육효점을 볼 수 있습니다.

어느 방향으로, 어떤 득을 보고 싶은지를 정할 때는 구성학을 활용해주시기 바랍니다. 돌아가신 선조 혹은 상주를 기준으로 하여, 어떻게 해야 득이 될 수 있을지 방위를 구분할 수 있습니다. 그리고 어느 자리가 명당인지 찾기 위해서는 풍수지리를 활용해주시기 바랍니다. 산의 형세는 어떠한지, 산의 정기를 담아낼 수 있는지, 산과 선조가 둘 다 편안한 자리인지 등을 확인하여, 가장 좋은 명당을 찾아낼 수 있습니다.

파묘가 선조에게 도의적으로 옳지 않다고 생각하실 수 있습니다만, 이장하는 것은 선조의 영을 편안하게 하고, 후손이 잘 될 수 있게 해주는 것입니다. 좋은 자리에, 좋은 상황이 만들어지게 해주는 절차인만큼, 잘 알아보고 행할 수 있는 집안의 행사로 시행해주시기 바랍니다.

맺은말

그동안 뒤를 돌아보면 정말 열심히 살았다고 생각이 드는 요즘 하루를 시작하는 아침마다 감사한 마음을 잊지 않고 문을 나선다. 이 책은 많은 분들의 도움이 없었다면 세상에 나오지 못했을 것이다. 항상 나와 함께 해주는 사랑하는 나의 와이프 그리고 가족이 큰 힘이 되었다.

그리고 무엇보다 이 책의 결실을 맺는데 큰 도움을 준 훌륭한 팀이 있는데, 복권필 대표를 시작으로 김지원, 신동익 팀원들에게도 감사 인사를 표하고 싶다. 하루 24시간이 모자랄 만큼 애써주었고 이들의 노고에 다시 한번 깊이 감사한 마음을 전하고 싶다. 나는 이들 또한 가족처럼 여기며 나의 가치관에 커다란 영향을 주었다.

마지막으로 사려 깊은 의견으로 피드백을 주신 <대통령의 염장이>라는 책을 펴낸 유재철 교수님과 교려대학교 보건정책연구 관리학부 김지환 교수님께 감사 인사를 전달하고 싶다.

[파묘] 땅의 주인이 될 것인가 노예가 될 것인가